DE LA RÉFORME

DE

L'ENSEIGNEMENT SUPÉRIEUR

ET DES

LIBERTÉS UNIVERSITAIRES

PAR

CHARLES SCHÜTZENBERGER

PROFESSEUR EN RETRAITE DE L'ANCIENNE FACULTÉ DE MÉDECINE
DE STRASBOURG

DEUXIÈME ÉDITION

PARIS
G. MASSON, ÉDITEUR
LIBRAIRE DE L'ACADÉMIE DE MÉDECINE

1876

DE LA RÉFORME

DE

L'ENSEIGNEMENT SUPÉRIEUR

ET DES

LIBERTÉS UNIVERSITAIRES

TYPOGRAPHIE LAHURE
Rue de Fleurus, 9, à Paris

DE LA RÉFORME

DE

L'ENSEIGNEMENT SUPÉRIEUR

ET DES

LIBERTÉS UNIVERSITAIRES

PAR

CHARLES SCHÜTZENBERGER

PROFESSEUR EN RETRAITE DE L'ANCIENNE FACULTÉ DE MÉDECINE
DE STRASBOURG

DEUXIÈME ÉDITION

PARIS
G. MASSON, ÉDITEUR
LIBRAIRE DE L'ACADÉMIE DE MÉDECINE

1876

A LA MÉMOIRE DE MON FRÈRE

FRÉDÉRIC SCHÜTZENBERGER

ANCIEN MAIRE ET DÉPUTÉ DE STRASBOURG

AVANT-PROPOS

DE LA DEUXIÈME ÉDITION

La question de l'enseignement a rarement été mise à l'ordre du jour de l'opinion pour *elle-même* et simplement en vue de mettre en évidence ou de discuter les moyens les plus capables d'élargir la base ou d'élever le niveau de l'instruction publique; — c'est, malheureusement, plutôt aux époques les plus troublées, en vue d'intérêts politiques, que l'on s'en est occupé. — C'est triste à dire; mais la vérité est que dans les luttes passées et présentes, il s'est agi beaucoup trop peu de discuter les voies les plus sûres, de rechercher et d'appliquer les réformes, les améliorations et les méthodes les plus efficaces pour arriver à une plus grande extension et à un degré plus élevé de la culture intellectuelle de la nation française. — La principale question a trop souvent été celle de savoir quel parti politique disposera de l'enseignement et pourra, à son gré, le transformer en un instrument de règne, d'influence ou de domination, et cela, au risque de frapper l'avenir national de vice ou d'arrêt de développement. —

Telle était déjà, au fond, la situation quand, peu de mois avant la désastreuse guerre de 1870, je publiai ces pages sur la *Réforme de l'enseignement supérieur et les libertés universitaires*; — c'était un appel à l'opinion en vue d'une réforme régulière et pratique, rendue nécessaire par notre infériorité flagrante dans toutes les branches de l'instruction publique. — Comme membre du corps enseignant, je crus alors de mon devoir d'apporter mon faible contingent d'expérience et d'idées à une réforme évidemment urgente. Ces idées n'eurent pas le temps de se faire jour, elles se sont perdues dans les nuages de la fumée des canons de Frœschwiller et de Sedan. Quand, après de grands désastres, la France mutilée se retrouva libre de sa destinée, la question du haut enseignement reparut de nouveau; elle fut discutée à la dernière heure d'une Assemblée mourante, en vue, disait-on, d'appuyer sur une base solide le relèvement intellectuel et moral de la France (1). — La solution intervenue atteindra-t-elle au but? Cela peut paraître bien douteux; il est plus certain que la loi dite de l'enseignement, votée au pas de course de la retraite, n'apparaît pas comme une mesure législative sage et mûrie. — La vérité est qu'en fait de réforme de l'enseignement supérieur et de libertés universitaires, la France d'aujourd'hui, en 1876, a des universités catholiques de plus et que rien du reste n'est changé dans l'ancien ordre universitaire. — En fait d'enseignement supérieur, c'est une situation nouvelle sans doute; mais elle n'est certes pas meilleure, du point de vue scientifique, que celle de 1870; elle n'élève et ne peut élever en rien, *absolument en rien*, le niveau des études dans les institutions de l'État; elle leur crée une concurrence sans doute; mais il n'est rien moins que certain que cela soit au profit de la science, de sa diffusion plus grande ou de son plus rapide développement. Et, à cela, la collation des grades, qu'elle se fasse par l'État ou par des jurys mixtes, ne pourra porter qu'un remède absolument inefficace, tant que l'ancienne situation se maintiendra dans les institutions mêmes de l'État.

Il nous paraît impossible que les fils de la France moderne ne fassent pas un vigoureux effort pour rentrer enfin dans une voie de progrès réel en inaugurant, dans le système de l'instruction publique à tous les degrés, dans les institutions de l'État surtout, une réforme sagement libérale, conçue, discutée et exécutée par des hommes d'État et non plus à l'aide de coups de majorité de hasard, par des partis hostiles et irréconciliables. — Il nous paraît impossible que le corps universitaire lui-même ne s'éveille pas de sa torpeur et laisse tout faire, tout passer, avec l'indifférence de fonctionnaires sans responsabilité et sans initiative. — Il nous paraît impossible, enfin, que l'esprit public ne cherche pas à s'éclairer et ne s'émeuve pas quand il s'agit du plus grand intérêt des temps modernes. — Le développement intellectuel et scientifique, l'extension et l'élévation de l'instruction, à tous les degrés représentent, en effet, la meilleure part de la force et de la véritable grandeur des nations. — Une œuvre de relèvement de cette nature exige le concours de tous les esprits éclairés. — C'est un devoir de tous d'y contribuer dans leur sphère d'action, dans la limite de leurs forces et de l'affection qu'ils portent à la France. — C'est à ce titre qu'il est sans doute permis à un fils de l'Alsace de redire, en 1876, ce qu'il a déjà dit en 1870.

En remettant en circulation quelques idées sur la réforme de l'enseignement universitaire et ses libertés nécessaires, j'ai obéi à l'appel de quelques amis et plus encore à l'ardent désir d'être utile encore à la France.

Je livre aujourd'hui au public ces pages telles qu'elles ont été écrites en 1870, sans changement aucun. — Je n'ai rien à rétracter, rien à retrancher, et je n'y ajoute rien; car je ne suis plus aujourd'hui qu'un exilé dans ma patrie restreinte et je ne veux pas mêler ma voix à la lutte des partis qui s'agitent en France; mais j'ai encore le droit et le devoir de reproduire quelques vérités que je crois, plus que jamais, utiles au relèvement de la vie intellectuelle universitaire et scientifique d'une grande et noble nation.

DE LA RÉFORME

DE

L'ENSEIGNEMENT SUPÉRIEUR

ET DES

LIBERTÉS UNIVERSITAIRES

Depuis quelque temps déjà la question du haut enseignement préoccupe l'opinion; on peut considérer ce fait comme un signe de bon augure pour l'avenir du pays. Il dénote en effet que l'esprit public sent instinctivement, ou qu'il comprend combien la gloire, la dignité et la force nationales sont intéressées à la direction de l'instruction supérieure. Les peuples barbares et les nations en décadence sont seuls indifférents aux institutions qui règlent l'avenir scientifique de leur pays.

Le mouvement d'opinion qui a remis en France la question du haut enseignement à l'ordre du jour a été dignement et largement secondé par la sollicitude de l'ancien ministre de l'instruction publique. M. Duruy a fait une enquête approfondie sur la situation de l'instruction supérieure à l'étranger. Des missions importantes ont été confiées à des hommes d'une incontestable valeur. — M. Jaccoud, dès 1864, a été chargé d'étudier l'organisation des Facultés de médecine en Allemagne. Plus récemment, M. Wurtz, doyen de la Faculté de médecine de Paris, a rendu compte de la situation des institutions scientifiques et des laboratoires des pays d'outre-Rhin. Les écoles des États-Unis d'Amérique ont été explorées par M. de Valcourt, et M. Le Fort a fait connaître les institutions médicales et scientifiques de l'Angleterre. Des travaux importants ont été publiés par M. Lorain sur la réforme de l'enseignement par la création de laboratoires. M. Hildenbrand, dans la *Revue moderne*, a traité également des réformes de l'enseignement supérieur; MM. Laboulaye et Renan ont discuté avec une grande supériorité plusieurs des questions que soulève la situation du haut enseignement en France M. Pouchet a exposé dans un important article de la *Revue des Deux Mondes* l'organisation des Universités allemandes, et tout récemment, dans le même recueil, M. Albert Duruy a publié sur la liberté de l'enseignement un article qui révèle les tendances les plus libérales.

Une riche moisson d'observations a été mise à la disposition de l'administration. Elle est donc en mesure de comparer la situation du haut enseignement en France avec celle des Universités étrangères. Il semble que le résultat de cette comparaison n'a pas été jugé défavorable par le dernier ministre de l'instruction publique. Dans son rapport à l'Empereur, de 1868, M. Duruy conclut, en effet, « qu'en dehors de l'enseignement médical, il ne semble pas pour le moment que l'organisation de notre enseignement supérieur exige de grandes réformes. L'édifice est ancien, dit M. le ministre, mais il est solide en ses assises; il n'y faut que des appropriations pour des nécessités nouvelles. »

Il nous paraît douteux, cependant, que l'établissement de quelques laboratoires de recherches, et la création d'une École pratique des hautes études scientifiques à Paris, car ce sont là les seules réformes accomplies, puissent suffire pour replacer les institutions scientifiques françaises au niveau des institutions étrangères, et pour leur faire reprendre la primauté qu'elles ont longtemps occupée. On peut se demander si le mal qui alanguit les recherches et les travaux scientifiques dans la sphère du haut enseignement n'a pas des racines plus profondes, et si l'organisation universitaire elle-même, telle qu'elle s'est produite et développée en France par l'exagération abusive du principe de centralisation autoritaire, ne porte pas, en grande partie, la responsabilité d'une situation qui n'est pas absolument rassurante pour l'avenir.

Quant au projet de loi sur l'enseignement qui, dit-on, serait à l'étude, nous ne savons dans quel sens il sera formulé par les successeurs de M. Duruy.

Nous ne connaissons pas la portée des réformes projetées, et nous ignorons dans quel esprit ces réformes seront conçues. Des projets vaguement annoncés ne peuvent pas être l'objet d'un examen sérieux. Il importe cependant, dès aujourd'hui, de discuter certains principes. Déjà ils divisent les esprits ; on se passionne pour ou contre l'intervention de l'État, pour ou contre la liberté de l'enseignement, sans préciser les limites et le mode d'application de ces principes. Il ne faut pas que l'opinion publique et celle du corps enseignant soient prises au dépourvu et se laissent entraîner par de vagues formules. Il est urgent aussi de se rendre compte des vices de l'organisation actuelle et de signaler dans quel esprit devraient être conçues les réformes pratiques qu'elle réclame.

De l'intervention de l'État et du principe de liberté dans l'enseignement supérieur.

C'est à tort, selon nous, que l'on oppose, sans restriction, le principe de l'intervention de l'État qui régit nos institutions universitaires au principe de la liberté de l'enseignement; c'est à tort que l'on voudrait faire admettre l'un comme absolument bon et rejeter l'autre comme absolument mauvais. Ils ont l'un et l'autre leurs nécessités, leurs avantages, leurs inconvénients et leurs dangers. Leur influence dépend bien moins de leur valeur intrinsèque et abstraite que de l'opportunité et du mode de leur application dans le milieu social qu'ils sont appelés à régir. Ils n'ont, du reste, rien d'inconciliable. L'union des forces individuelles et des forces collectives, le concours des particuliers, des associations libres, des communes, des provinces et de l'État sont, au contraire, indispensables quand il s'agit d'un des plus graves intérêts de la société civilisée, de la transmission des connaissances acquises et de leur accroissement progressif.

L'étude comparée des institutions universitaires des différents pays démontre que les deux principes que l'on met, à tort, en opposition ont presque toujours trouvé une application simultanée. L'extension donnée à chacun de ces principes dépend surtout de l'état de civilisation plus ou moins avancé des peuples, du plus ou moins de lumières et d'esprit d'initiative des citoyens, du développement historique des institutions générales dont l'ensemqle forme la constitution des États, et du mode d'évolution des institutions universitaires elles-mêmes.

Tout d'abord le droit de l'État d'intervenir dans la direction de l'enseignement supérieur nous paraît incontestable. L'enseignement supérieur, en effet, répond à un intérêt social de l'ordre le plus élevé. Il a pour mission de conserver la tradition et d'assurer en même temps le progrès des hautes études littéraires et des recherches scientifiques. Personne ne saurait contester au pouvoir social le droit de sauvegarder et d'assurer cet élément essentiel de la civilisation moderne. L'intervention de l'État est ici non-seulement un droit, elle est un impérieux devoir.

Quelles doivent être les limites de cette intervention? Telle est toute la question. Ces limites, nous l'avons déjà fait pressentir, n'ont rien d'immuable. Dans les pays absolutistes, où le citoyen ne peut rien et n'est rien, où le peuple n'a point d'initiative, où la raison publique est peu éclairée, la diffusion scientifique bornée, où l'esprit d'association n'existe pas, le gouvernement devient une espèce de Providence, dont l'intervention peut seule garantir les intérêts élevés de la science. Dans de telles conditions, la liberté de l'enseignement, aussi bien que l'abandon par l'État des mesures d'hygiène publique, des institutions d'enseignement et d'assistance médicale, entraîneraient les conséquences les plus déplorables; ce serait l'insuffisance, le néant; ce serait le désordre et la licence sans contre-poids; ce serait, en fait d'enseignement et d'exercice de la médecine par exemple, la santé publique et privée livrée au hasard, à toutes les spéculations honteuses du charlatanisme, à toutes les pratiques désastreuses de la superstition et de l'ignorance.

Avant les tentatives d'enseignement et d'organisation médicale des gouvernements égyptien et turc, la liberté d'enseignement des sciences médicales et de l'art de guérir étaient complètes dans ce pays. L'intervention de l'État ne gênait en rien l'influence utile que l'on attribue à tort, d'une manière trop absolue, à des principes abstraits. Qu'a produit, que pouvait produire la liberté la plus illimitée dans le milieu social de l'Orient? l'État seul était en mesure de réaliser quelque bien, et c'est une de ses gloires de l'avoir fait.

De la liberté d'enseignement en Amérique.

Le principe de liberté, qui, en Égypte et en Turquie, n'est favorable qu'à l'ignorance, au fanatisme ou à la peste, a, par contre, plus d'avantages peut-être que d'inconvénients aux États-Unis d'Amérique. Là, un peuple viril, actif, intelligent, doué de beaucoup de bon sens, éclairé par une instruction générale largement étendue, est habitué à se suffire à lui-même; il comprend ses intérêts, attend tout de sa propre initiative et demande peu au gouvernement. Quand les efforts individuels sont insuffisants, il sait trouver dans l'association un puissant instrument qu'il manie avec l'habileté de l'habitude. Disséminés sur un immense territoire, les membres du corps social ont une grande indépendance. L'administration n'est pas centralisée; le pouvoir social est fractionné. Si, en fait d'enseignement scientifique, il est un milieu favorable au principe de liberté et contraire à celui de l'intervention de l'État, c'est l'Amérique du Nord. Mais, en Amérique même, l'abstention du gouvernement n'est pas absolue. L'enseignement supérieur n'est pas complétement livré à l'abandon et à l'initiative individuelle. Les institutions consacrées aux hautes études littéraires et scientifiques, aux études de théologie, de droit et de médecine, portent, comme en Allemagne, le nom d'*Universités*. Or il y a des Universités d'État et des Universités à peu près libres. « Les Universités d'État, dit M. de Valcourt (*Rapport sur « les institutions médicales aux États-Unis de l'Amérique du « Nord*, p. 10), existent dans les nouveaux États, où des « concessions de terres ont été faites par le gouvernement « à leur profit ; c'est ainsi que, dans le Michigan, le Vis« consin, l'Iowa, l'Alabama, le Mississipi, des étendues « considérables de terrain ont été vendues pour subvenir « en grande partie aux dépenses de ces établissements. » Le gouvernement de ces États naissants a compris que des institutions de haut enseignement ne pouvaient ni se créer ni se développer sans appui matériel, sans secours, sans subvention. Tout en laissant une grande liberté à l'initiative des corps enseignants, les gouvernements d'États leur assurent au moins les ressources matérielles indispensables à leur fondation. Ailleurs cependant, et notamment en ce qui concerne l'Université de New-York, l'intervention de l'État est très-restreinte. Cette intervention, dit M. de Valcourt, « se borne à une surveillance générale exercée sur « le corps enseignant, sur les finances, les études et le « choix des livres ». Cette surveillance est confiée à un certain nombre de régents élus par la Législature sur la proposition du gouvernement de l'État. Ils sont chargés de faire à la Législature un rapport annuel sur la situation de l'instruction publique; mais leur pouvoir est plutôt nominal que réel.

L'enseignement médical aux États-Unis se donne soit dans des Écoles spéciales de médecine rattachées à des Universités d'État, soit dans des Écoles entièrement libres instituées par des savants et par des médecins associés en corps enseignants, que subventionnent des Sociétés, des villes, des legs, des fondations.

L'enseignement supérieur et professionnel n'est, du reste, rien moins que gratuit, et la rétribution des élèves donne un appoint suffisant pour assurer, d'une part, aux professeurs une existence large et honorable, et, d'autre part, pour maintenir le matériel à la hauteur d'un enseignement scientifique et pratique supérieur, et pour fournir à la science les éléments nécessaires à ses progrès.

Les Écoles constituées sont autonomes. Ce sont des organismes qui vivent de leur vie propre. Créations spontanées de la libre initiative, elles ont élaboré, modifié, perfectionné elles-mêmes leur organisation. C'est ainsi que, d'après M. de Valcourt, la première Faculté de médecine fut librement fondée à Philadelphie par deux médecins, les docteurs William Shippen et John Morgan. Après avoir fait leurs études en Angleterre, ils revenaient dans leur patrie, munis d'une autorisation de Thomas Penn, propriétaire de la Pensylvanie. L'inauguration de l'École eut lieu en 1765 ; l'École fit son propre règlement d'études, en partie d'après le modèle des institutions anglaises.

L'organisation de l'École de Pensylvanie fut à son tour imitée par les institutions de haut enseignement qui se développèrent librement dans les autres centres de population. Cette organisation, sans être uniforme, répond assez généralement au besoin des hautes études scientifiques et pratiques. On peut voir, dans l'intéressant travail de M. de Valcourt, de quels éléments se compose une Faculté aux États-Unis, et comment elle fonctionne en dehors de l'intervention de l'État. Voici ce qu'il dit de l'Université de Boston :

La Faculté est sous la direction d'un doyen élu annuellement par une assemblée de professeurs; ce doyen a pour attribution la surveillance supérieure de la Faculté, la réception des thèses, le visa des diplômes et généralement toute la conduite des affaires. A côté du doyen siége quelquefois un autre professeur chargé de la présidence des séances de la Faculté. Chaque professeur doit s'occuper uniquement de l'enseignement qui lui est dévolu. Le sujet des leçons doit être approuvé par la Faculté. A chaque professeur sont attachés des professeurs adjoints, tenus de se conformer au programme qu'il leur trace. Il existe en outre des professeurs spéciaux, nommés d'office pour cinq ans seulement, qui doivent se borner strictement à la branche des sciences formant l'objet de leurs cours; enfin, des professeurs agrégés sont nommés également pour cinq ans, et sont placés sous la direction des professeurs titulaires, qui déterminent la nature de leurs occupations.

Des répétiteurs sont nommés chaque année à la séance d'ouverture, sur la proposition des professeurs; il ne peut y avoir plus d'un répétiteur pour chaque branche de l'enseignement; enfin, des docteurs, auxquels on donne le nom d'*university lecturers*, sont autorisés à faire des lectures pendant une année seulement sur des sujets spéciaux. Les professeurs titulaires reçoivent la majeure partie des rétributions versées par les étudiants; les professeurs adjoints sont peu payés; quant aux docteurs autorisés à faire des cours, leurs leçons sont généralement gratuites. Toutes les Écoles de médecine n'ont pas une organisation aussi compliquée; il en est beaucoup qui ne réunissent point les trois dernières catégories de professeurs. Quant au nombre et à la diversité des chaires, les Écoles d'Amérique ne sont pas de beaucoup inférieures aux institutions de la vieille Europe. Toutes les branches des sciences médicales sont largement et dignement représentées; les cours et le matériel généralement à la hauteur de la science moderne. — L'organisation autonome des écoles n'a pas empêché l'unité de direction qui fait la force et l'élévation des études; elle ne donne pas seulement de la cohésion à un organisme bien constitué, mais elle fait aussi en même temps une large part aux éléments les plus essentiels du progrès. Elle groupe autour de la corporation enseignante une pléiade de jeunes professeurs adjoints, agrégés, répétiteurs, *lecturers*, qui assure le recrutement du corps enseignant, et permet de juger à l'œuvre la valeur des aspirants au professorat. Le programme des cours, les méthodes d'enseignement peuvent se modifier toutes les années selon les exigences et les besoins dont le corps enseignant est seul juge; s'il se trompe, s'il s'engourdit dans la routine, les écoles rivales plus progressives sont là pour stimuler son inertie.

« Les professeurs, dit M. de Valcourt, ne sont pas nom-« més au concours; mais comme la réputation de l'École « dépend du succès de l'enseignement, que le nombre des « élèves est en raison directe du mérite des professeurs, « que les émoluments du corps enseignant n'ont rien de « fixe, mais sont uniquement le produit des rétributions « scolaires, la Faculté a grand intérêt à se recruter le « mieux possible, à faire même des avantages exception-« nels à tel professeur jouissant d'une grande célébrité. « D'un autre côté, les savants qui ont une aptitude spé-« ciale pour telle ou telle branche des sciences médicales « s'y adonnent sans crainte; la multiplicité des Écoles « augmente le nombre des chaires, et le professeur *assis-« tant* ou *lecturer*, qui a su faire preuve d'un réel talent,

« est certain d'être appelé jeune encore au professorat par « l'une des Écoles rivales. »

La concurrence a donc pour résultat heureux d'encourager la carrière professorale et de provoquer une féconde émulation entre les membres du corps enseignant. L'abstention presque complète de l'État n'a pas empêché l'enseignement supérieur de se constituer en Amérique par de fortes et solides institutions; celles qui n'étaient pas viables sont mortes d'inanition; celles qui vivent ne peuvent se maintenir qu'à la condition de ne pas déchoir. Le progrès incessant est la loi qui, dans ce pays de libre concurrence universitaire, s'impose aux écoles qui ne veulent pas mourir; mais elles sont aussi assurées d'une existence prospère, celles qui se distinguent par la force et la supériorité de leur enseignement.

Ce serait certainement aller trop loin que de prétendre que les Écoles de haut enseignement de la jeune Amérique atteignent, dès aujourd'hui, le niveau supérieur des institutions de la vieille Europe. En fait d'instruction élémentaire et secondaire, l'Amérique a dépassé et de beaucoup, par la multiplicité et l'importance de ses Écoles, la plupart des États européens; mais les hautes études littéraires et scientifiques, ainsi que l'enseignement supérieur, n'ont pas atteint le même degré de développement; elles possèdent néanmoins, dès aujourd'hui, des institutions qui fonctionnent avec succès, et qui portent en elles le germe d'une grande vitalité et d'une active évolution progressive. Sans doute, les ressources nécessaires au développement rapide des institutions de haut enseignement ne répondent pas toujours à tous les besoins; les rétributions scolaires, les dons, les legs, les associations ne peuvent pas produire ce que ferait l'intervention d'un gouvernement disposant d'un budget régulier et considérable, à la condition cependant que ces ressources budgétaires ne soient pas absorbées par d'autres besoins, et que l'État pût ou voulût consacrer aux hautes études les sommes nécessaires. D'autre part, la liberté des Écoles et des études, même en Amérique, a de graves et sérieux inconvénients. C'est ainsi que les garanties de capacité exigées pour être admis aux études de la médecine sont nulles dans certaines Écoles, qui se contentent, pour l'immatriculation des élèves, d'une rétribution d'argent de 3 à 5 dollars, et du payement des cours, fixé de 120 à 200 dollars par an. D'autres Facultés imposent, il est vrai, un examen de latinité et de sciences physiques; mais ces épreuves ne donnent pas de garantie d'aptitude très-sérieuse. Le diplôme de bachelier ès arts, l'équivalent de notre diplôme de bachelier ès lettres, était autrefois exigé par l'École de Philadelphie; cette exigence est aujourd'hui presque partout abandonnée. Il est également certain que les épreuves pour le doctorat sont généralement insuffisantes; les examens ne sont pas publics; les refus d'admission très-rares. Le temps de la scolarité est trop restreint. La garantie de capacité scientifique et pratique certifiée par les diplômes, délivrés au nom des Écoles, n'est donc pas complète. Enfin l'abstention absolue de l'État, qui laisse entièrement à l'abandon l'exercice de la médecine, crée une situation peu digne d'envie. — Tout individu diplômé ou non diplômé peut pratiquer librement à ses risques et périls. Cette liberté professionnelle absolue expose le public à toutes les surprises du charlatanisme le plus éhonté.

L'association des médecins diplômés en corporations qui défendent par tous les moyens de droit commun leurs prérogatives et leur dignité, fait seule contre-poids à cette licence, qui paraîtrait excessive dans tout autre milieu social. — Si le principe de la liberté d'enseignement et de la liberté professionnelle absolue n'a pas été impuissant, si le principe d'autonomie et d'indépendance a pour les Écoles elles-mêmes de nombreux et précieux avantages, si la bonne organisation des Écoles, la force et l'élévation de leur enseignement trouvent des garanties suffisantes dans l'intérêt même des corps enseignants librement constitués, le personnel des praticiens est loin d'offrir les mêmes garanties de capacité et de moralité. Dans aucun pays du monde, les médicastres ne pullulent autant qu'aux États-Unis.

Mais dans ce milieu de bon sens et d'initiative individuelle, les avantages du régime de la liberté presque absolue font, jusqu'à un certain point, contre-poids à ces graves inconvénients ; car le public est généralement assez éclairé pour distinguer et choisir de préférence le médecin digne de ce nom ; il recherche les praticiens diplômés par des Écoles en renom ou associés à des corporations médicales qui n'admettent dans leur sein que des hommes d'une capacité reconnue et d'une moralité intacte. Il est douteux qu'en Amérique l'intervention plus active du gouvernement des États eût produit en définitive une meilleure organisation des écoles, eût mieux assuré les progrès de la science et de l'art de guérir que la liberté et l'initiative individuelle.

Le régime de liberté absolue et la trop complète abstention de l'État ont encore été moins favorables, en Amérique, au haut enseignement des lettres, des sciences, du droit, de la théologie. L'infériorité des institutions universitaires de l'Amérique est certainement une des causes principales du manque d'élévation et de profondeur de la

2

culture intellectuelle des classes supérieures de la société américaine.

De la liberté d'enseignement en Angleterre.

L'Amérique s'est évidemment inspirée des principes d'autonomie et de liberté qui régissent les institutions de son ancienne métropole. — En Angleterre, comme en Amérique, l'enseignement scientifique et professionnel se donne, en dehors de l'intervention de l'État, par des corporations, des associations de professeurs réunis en Colléges, en Facultés, en Corps enseignants, librement constitués et plus ou moins indépendants. C'est ainsi qu'avant le *medical act* de 1858, l'exercice de la médecine était en Angleterre, comme en Amérique, absolument libre. L'État ne conférait ni grade, ni titre, ni diplôme, ni licence de pratiquer la médecine. — Des titres, des grades, les diplômes étaient décernés, après les épreuves plus ou moins probatives, par des Écoles indépendantes. L'État laissait faire, bornant son rôle à reconnaître officiellement certaines corporations enseignantes, sans *garantir* en aucune façon, vis-à-vis du public, la capacité scientifique ou pratique de ceux auxquels les Écoles ou les Facultés conféraient les titres de docteur, de bachelier en médecine ou de praticien reçu membre, ou *fellow*, par des corporations ou des colléges de médecine.

Le régime de liberté absolue dans l'enseignement et l'exercice de la médecine a présenté, même en Angleterre, des inconvénients si évidents et si graves que l'État a dû finalement intervenir pour réprimer de trop scandaleux abus. Mais cette intervention n'est pas allée très-loin.

Le gouvernement anglais n'a pas jugé utile de substituer aux corps enseignants libres et indépendants des Écoles ou des Facultés de médecine entretenues et régies par l'État lui-même. Le *médical act* se borne à reconnaître officiellement, comme dignes de la confiance publique, certains corps enseignants; il reconnaît aux titres conférés par ces corps une valeur suffisante pour établir officiellement la capacité pratique de ceux qui les ont régulièrement obtenus. Ces titres, vérifiés par une Commission spéciale, donnent droit à l'inscription sur le registre ou sur la liste officielle des praticiens. Tous ceux qui ne sont pas inscrits sont exclus de tout service médical. Pour être médecin d'un hôpital, d'un dispensaire, d'un asile ou de n'importe quelle institution d'assistance médicale publique ou privée, il faut être inscrit sur le registre des praticiens reçus par une corporation enseignante autorisée et reconnue. Cette inscription donne de plus au médecin le droit de poursuivre le client en payement des services rendus; elle confère la faculté de pratiquer officiellement la médecine avec un titre légal à la confiance publique; mais l'inscription ne crée pas pour cela de privilége ou de monopole professionnel. Le délit d'exercice illégal n'existe pas en Angleterre; seulement celui qui pratique sans titre légal s'expose, en cas de malheur ou de faute grave, à être poursuivi par l'individu lésé, par sa famille ou par la vindicte publique, comme accusé d'homicide par imprudence; dans de telles conditions, les tribunaux condamnent sévèrement les médicastres qui pratiquent sans titre. L'État n'intervient, du reste, en aucune façon dans la réglementation de l'exercice de la médecine Il dit simplement au public anglais : Voici la liste des médecins présentant des garanties de capacité pratique qui me paraissent suffisantes; je vous les recommande comme tels, et, quant à ce qui me concerne, je n'admets personne d'autre aux fonctions médicales officielles. Après cela vous êtes avertis et libres de livrer votre corps et votre santé à qui vous inspire plus de confiance.

L'exercice de la médecine sans titre légal ne paraît pas du reste beaucoup plus désastreux et plus effronté en Angleterre que dans certains pays où les lois répressives le classent au nombre des délits, mais où les mœurs et la nécessité rendent la répression de ce délit illusoire, inefficace, et sa valeur préventive fort douteuse.

Le principe de liberté des Écoles, je dirai presque leur abandon par l'État, ne présente pas, dans les pays de *self-government*, les inconvenients graves qu'il pourrait offrir ailleurs. En Angleterre, les corporations enseignantes sont généralement des institutions anciennes, fortement organisées, jalouses de leur dignité; elles ont leurs traditions et leurs méthodes éprouvées. Les Écoles de médecine sont, du reste, assez nombreuses en Amérique et en Angleterre pour que le principe de la libre concurrence maintienne leur enseignement à un certain niveau d'élévation; car la déchéance et la prospérité des Écoles dépendent également de leur propre initiative. Mais il faut le dire, cette initiative dans les Écoles de médecine s'exerce plutôt dans le sens de l'enseignement professionnel et des études plus directement utiles à la pratique médicale.

La direction plus spécialement scientifique des études, les recherches qui visent, sans préoccupation d'utilité immédiate, le progrès des sciences biologiques, ne trouvent pas dans les institutions américaines et anglaises une suffisante satisfaction.

Les laboratoires de recherches, les institutions d'expér

mentations biologiques, l'enseignement qui met l'étudiant en mesure de devenir à son tour un travailleur utile au progrès de la science, en le familiarisant avec les procédés et les méthodes d'investigation scientifique, font généralement défaut. Les Écoles d'Angleterre et d'Amérique forment d'assez bons praticiens; ce sont de bonnes Écoles professionnelles, ce ne sont pas des institutions qui développent une grande émulation scientifique, une large initiative de progrès.

L'esprit national très-positif qui recherche l'instruction plus immédiatement utile aux professions lucratives est sans doute pour beaucoup dans cette tendance trop exclusivement professionnelle des Ecoles de médecine; mais on peut se demander si l'abstention de l'État ne prive pas d'autre part les Écoles américaines et anglaises des ressources matérielles si nécessaires à une large expansion des institutions scientifiques, et n'oblige pas les Écoles libres à circonscrire leur enseignement à ce que le consommateur ou l'étudiant libre réclame avant tout, à savoir : l'instruction utile pour la pratique.

Si le progrès scientifique n'est rien moins qu'assuré par les Écoles plus spécialement professionnelles, l'est-il au moins par d'autres institutions?

En dehors des Écoles de médecine libres, l'Angleterre possède des établissements de haut enseignement qui portent le nom d'*Universités*. Celles d'Oxford, de Cambridge ont une réputation européenne. Ce sont des corporations enseignantes qui jouissent d'une assez complète indépendance. Il ne semble pas cependant que cette autonomie s'exerce aujourd'hui dans un sens très-favorable au progrès scientifique. L'indépendance et l'autonomie des institutions de haut enseignement peuvent, en effet, être tout aussi favorables au maintien des vieilles routines qu'à l'initiative dans le progrès. Quand des institutions de ce genre sont riches par elles-mêmes, quand elles jouissent d'antiques priviléges, et que leur vieille réputation, les habitudes et la coutume assurent largement leur existence et rendent toute concurrence d'établissements libres nouveaux difficile ou impossible, les institutions universitaires, même indépendantes, possèdent de fait, sinon de droit, un monopole qui n'est pas plus favorable au progrès des méthodes d'enseignement qu'au progrès des recherches scientifiques. Or c'est là précisément le grave reproche que des hommes très-compétents font aux vieilles Universités de l'Angleterre, et plus spécialement à celle d'Oxford. L'enseignement universitaire anglais, selon M. de Sybel[1], a un grave défaut. Les méthodes sont trop exclusivement scolaires. Ce qui se fait avec avantage dans les lycées, dans les gymnases, se continue au détriment des recherches scientifiques dans l'Université d'Oxford. Le répétitorat et la pédagogie éclipsent le professorat. Le professeur d'une spécialité littéraire ou scientique ne fait guère plus d'une douzaine de leçons dans l'année. Ces leçons *ex cathedra* sont sans doute excellentes et très-bien travaillées, mais elles ne constituent pas un programme d'enseignement suffisamment nourri. Aussi la véritable instruction se donne-t-elle à côté, dans ce que l'on appelle les *colléges*, espèces d'institutions complémentaires, dans lesquelles les étudiants travaillent par eux-mêmes, ayant pour guides des maîtres. Malheureusement la direction imprimée à ces travaux individuels, à ces hautes études

1. Heinrich von Sybel. *Die deutschen und auswærtigen universitäten*, p. 5, Bonn 1868.

littéraires et scientifiques ne tend pas à familiariser l'étudiant avec les méthodes qui conduisent au progrès de la science. Le but que l'instruction supérieure se propose en Angleterre, c'est la continuation dans une sphère plus élevée de cette espèce de gymnastique qui conduit à un large et puissant développement intellectuel, mais qui ne fait pas pénétrer l'étudiant dans les profondeurs des recherches scientifiques ou littéraires.

La matière des hautes études universitaires comprend plus spécialement les langues anciennes, les mathématiques, l'histoire, la philosophie, et, pour les membres futurs du clergé anglican, la théologie.

Les études professionnelles proprement dites, le droit, la médecine n'ont, pas plus que les sciences naturelles, place dans le programme des hautes études. En dehors du maigre programme des cours qui ne constituent pas d'enseignement suivi, les maîtres ou professeurs chargés de l'instruction supérieure développent, comme dans les lycées, une matière d'étude, ils interrogent les élèves, leur font faire des compositions, qu'ils apprécient et qu'ils corrigent.

La tendance pédagogique est évidemment prédominante. « Un des membres les plus éminents du parti de la réforme universitaire d'Oxford, M. Marc Pattison, dit M. de Sybel, reconnaît que les dissertations historiques ou philologiques des étudiants révèlent chez beaucoup d'entre eux un haut degré de développement et de maturité de l'esprit. Les jeunes auteurs de ces compositions littéraires manient les sujets dont ils ont à s'occuper avec dextérité, discutent les questions avec un rare talent de style et d'expression, et révèlent une grande aptitude à manier la plume et la parole ; mais si l'on cherche à quelle source ils ont puisé la matière de ces belles compositions, on est frappé de la pénurie des lectures, des recherches et du savoir qui servent de base. Il semble, dit M. Pattison, que le but de nos Universités consiste uniquement à fournir aux journaux d'excellents rédacteurs. Cette tendance des étudiants répond naturellement à la tendance générale du corps enseignant. Il renferme sans contredit bon nombre de pédagogues très-méritants, très-instruits, mais en ce qui concerne l'évolution progressive des sciences philologiques, historiques et naturelles, elle s'accomplit en Angleterre ailleurs que dans les institutions du haut enseignement universitaire.

En résumé, le principe d'indépendance et de liberté n'a pas produit en Amérique et en Angleterre une situation des hautes études bien digne d'envie. Cette situation est bien certainement inférieure à celle des Universités allemandes, qui s'appuient toutes sur l'intervention de l'État, limitée, il est vrai, par une large et libérale autonomie universitaire.

De la liberté universitaire en Allemagne.

Les Universités représentent dans tous les pays d'outre-Rhin les seules institutions auxquelles les États confient la mission du haut enseignement pour toutes les branches des connaissances humaines.

Il n'y a d'Université que là où se trouvent réunies les quatre Facultés : de théologie, de droit, de médecine et de philosophie. La Faculté de philosophie, dans les Universités allemandes, embrasse toutes les branches du haut enseignement général : la philologie proprement dite, les sciences mathématiques, physico-chimiques et naturelles. On est frappé d'étonnement quand on jette un coup d'œil sur le vaste programme des matières enseignées dans les Universités allemandes. Ces programmes n'ont rien de mensonger, ce sont des réalités; et ces programmes sont poursuivis, année par année, dans tous les centres d'instruction supérieure. Cette instruction, les Universités seules la dispensent; elles confèrent de plus, après des épreuves plus ou moins difficiles, des titres académiques, des diplômes de docteur, des certificats d'études régulièrement accomplies. Mais ces diplômes académiques et ces certificats d'études ne donnent pas d'emblée la licence de pratiquer l'art de guérir, ou l'admission à des fonctions publiques ; ils servent seulement d'autorisation pour l'examen d'État, devant un jury spécial.

C'est à la constitution forte et libérale de ses nombreux centres d'enseignement supérieur, disséminés dans les différents États, c'est à ses Universités que l'Allemagne doit le rang éminent et vraiment hors ligne qu'elle occupe dans le domaine des lettres et des sciences. C'est du sein des Universités que s'est répandu par toute l'Allemagne cet énergique sentiment d'unité nationale qui, malgré d'anciennes et profondes divisions territoriales, politiques et religieuses, a fini par enflammer tous les cœurs germaniques.

L'unité nationale allemande a trouvé dans ses Universités une première réalisation et, si je puis dire, un organe embryonnaire d'une prodigieuse vitalité. Les nombreuses Universités qui, depuis le moyen âge, se sont développées sur le sol germanique ont toujours été unies entre elles par un indissoluble lien national. Ce lien se retrouve dans deux faits que tous les gouvernements allemands ont été obligés de respecter ou d'accepter, à savoir : 1° la liberté des études, et 2° les libertés universitaires.

La liberté des études est profondément entrée dans les mœurs, elle ne permet à aucun gouvernement d'État d'obliger ses sujets d'étudier de préférence dans telle ou telle Université. L'étudiant allemand, qu'il soit badois, wurtembergeois, bavarois ou prussien, est généralement libre de commencer, de poursuivre et d'achever le temps de sa scolarité universitaire dans n'importe quelle Université allemande ; et dans la Faculté où il est inscrit il choisit tout aussi librement les maîtres dont l'enseignement lui paraît préférable. Si des titres ou des certificats d'études régulières sont exigés pour être admis à l'examen d'État qui donne la licence de pratiquer la médecine ; si des diplômes et des garanties de capacité sont nécessaires pour aborder certaines fonctions publiques, tous ces certificats d'études, ces titres et ces diplômes ont une égale valeur, quelle que soit l'Université allemande qui les a délivrés, quel que soit le rang du professeur qui a signé le certificat d'études. Ce principe, généralement accepté en Allemagne, porte le nom de *Lernfreiheit*, liberté d'étudier, ou, si l'on veut, libre choix du professeur ; mais en dehors des Universités reconnues il n'y a ni liberté d'études ni liberté dans le sens que l'on attache parfois en France à cette vague formule.

Le second fait qui unit entre elles les différentes Universités allemandes, du reste parfaitement indépendantes les unes des autres, et quel que soit leur rapport avec l'État ou le gouvernement, c'est l'analogie du principe qui les régit toutes, et qui, par la force des choses, a reproduit, malgré de nombreuses différences secondaires, un type à peu près uniforme d'organisation également favorable à l'unité nationale, à l'élévation de l'enseignement, à la force générale des études et au progrès de la science. Ce principe est celui des libertés ; si l'on aime mieux de *l'autonomie universitaire*.

Comme l'ont fait remarquer avec raison M. Jaccoud dans son remarquable rapport sur l'organisation des Facultés de médecine en Allemagne, et M. Pouchet dans son intéressant travail inséré dans la *Revue des Deux Mondes*, les Universités allemandes ne sont rien moins que des institutions indépendantes, sans lien avec le gouvernement des États dans lesquels elles fonctionnent. Partout, au contraire, ce sont des institutions d'État, officiellement reconnues, autorisées, parfois créées et toujours largement subventionnées par les gouvernements. La plupart des Universités, dit M. Pouchet, « reçoivent de l'État un « subside considérable, surtout si on le compare au budget « des petits pays qui le votent. L'Université de Leipzig a « un revenu de 120 000 thalers ; la Saxe ajoute à cette « somme 53 000 thalers par an. L'Université de Berlin « reçoit 180 000 thalers du gouvernement. La Prusse, « pour ses cinq Universités, Berlin, Bonn, Breslau, « Kœnigsberg et Greifswald, a, pendant l'exercice de « 1861, dépensé 530 860 thalers, soit, en chiffre rond, « 2 millions de francs. » A ces sommes viennent s'ajouter les revenus universitaires et les droits perçus par les professeurs, directement rétribués pour leurs cours par les étudiants qui les suivent. Les Universités allemandes relèvent donc directement de l'État ; elles sont en rapport avec lui, généralement par l'intermédiaire des ministres de l'instruction publique ; elles en dépendent par les subventions dont elles ont besoin et que l'État leur attribue largement. Beaucoup d'entre elles ont un patrimoine propre et inaliénable, des finances et des ressources propres, qu'elles administrent sous le contrôle de l'Etat. Il en est d'autres qui ne vivent que par les subventions que l'État leur fournit. Mais ce qu'il importe de faire remarquer, car c'est là le caractère essentiel de toutes les Universités allemandes, c'est qu'elles jouissent toutes à peu près au même degré d'une *large et libérale autonomie.* — Ce sont des corporations qui s'administrent elles-mêmes sous la surveillance de l'État, dont l'intervention est bien plus nominale que réelle. C'est ainsi, pour ne citer qu'un exemple, que la nomination des professeurs ordinaires appartient en principe au chef de l'État ; mais en réalité ce sont les Universités, et dans les Universités, les Facultés qui se recrutent elles-mêmes, qui appellent aux chaires vacantes les notabilités scientifiques qui leur paraissent le mieux assurer l'enseignement ; ce choix s'exerce *librement* et s'étend à tous les savants de l'Allemagne. Les Universités prussiennes se recrutent indifféremment en Autriche, en Saxe, dans le grand-duché de Bade ou dans le Wurtemberg. Il n'y a là ni confédération du Nord, ni États du Midi, il y a l'unité et la solidarité de la science, non-seulement allemande, mais européenne ; car ce puissant lien d'unité s'étend jusqu'aux Universités de la Suisse allemande et de la Hollande. Tout savant, étranger même à l'Allemagne proprement dite, pourrait être appelé à une chaire par l'Université qui croirait devoir se l'attacher comme professeur. En tout ce qui concerne leur régime intérieur, les Universités allemandes jouissent d'une grande liberté d'action et d'initiative ; elles se gouvernent elles-mêmes par des autorités librement élues. — Le recteur, le Sénat ou le Conseil académique sont élus par les professeurs ordinaires des Facultés réunis en corps électoral ; les doyens et leurs assesseurs, les professeurs extraordinaires, les docteurs autorisés à faire des cours libres, les chefs des travaux, les directeurs des Musées sont élus par les Facultés ; les employés subalternes sont nommés sur la proposition des professeurs qui les emploient. Les programmes annuels des cours, les institutions à créer, à modifier, à perfectionner, émanent de la libre initiative du corps enseignant. L'État et le ministère n'interviennent pas par une incessante réglementation. Jalouses de leurs prérogatives, les Universités ont toujours défendu, et rarement sans succès, avec le droit de disposer librement de leur budget, la liberté de la pensée et de la parole. — Certains privilèges, vieux restes du moyen âge, ont été abolis ou absorbés par le droit commun ; mais ce qui fait la vie propre des hautes Écoles, les conditions essentielles de la liberté universitaire ont été respectées par tous les gouvernements allemands.

La libre initiative des Universités a eu pour première conséquence l'adoption générale et à peu près uniforme de la constitution intérieure qui répond le mieux aux besoins du haut enseignement, et partant, l'unité d'organisation vainement poursuivie ailleurs par une stérile réglementation.

D'autre part, la liberté des études, et la multiplicité des centres d'instruction supérieure, qui s'élèvent jusqu'à vingt-cinq pour les différents États allemands, placent toutes les Universités allemandes et tout le corps enseignant sous le régime stimulant de la *libre concurrence*. Pour faire bien comprendre les causes et les effets de ce régime, il importe d'entrer dans quelques détails.

La liberté des études existe généralement dans tous les pays dotés de plusieurs centres d'instruction supérieure ;

mais sans l'autonomie des Écoles avec une organisation uniforme imposée de par l'État, avec un personnel enseignant restreint, uniformément rétribué et dont le traitement ne varie jamais, quel que soit le nombre des élèves qui suivent l'enseignement, la libre concurrence reste une simple affaire d'amour-propre, sinon une lettre absolument morte. Il n'en est pas ainsi dans les Universités allemandes. Toutes ont adopté une organisation qui fait de la libre concurrence une réalité effective, une incessante lutte pour l'existence, un infatigable instrument d'émulation et de progrès.

Les bases fondamentales de cette organisation sont le personnel, son mode de recrutement, et surtout son mode de rétribution. Le personnel enseignant se compose de trois catégories de professeurs : les professeurs ordinaires, les professeurs extraordinaires, et les docteurs autorisés à faire des cours réguliers et publics ; ceux-ci portent le nom de *Privat-docenten.*

Les professeurs ordinaires représentent le personnel permanent, l'élément stable du corps enseignant. Le nombre en est très-limité, et se trouve d'ordinaire en rapport avec les chaires destinées aux branches les plus essentielles de l'enseignement d'une Faculté. Ces professeurs constituent le fond même de la Faculté et jouissent de certaines prérogatives : ils sont nommés à vie ; eux seuls ont un traitement fixe qui ne forme qu'une partie de leurs honoraires ; tous les membres du corps enseignant sont en outre rétribués par les élèves, lesquels choisissent librement dans les trois catégories de professeurs les maîtres dont l'enseignement théorique, scientifique ou pratique répond le mieux à leurs besoins, ou qui se distingue par une supériorité ou une utilité quelconque. Les droits d'inscription directement perçus par l'Etat, la gratuité des cours publics n'existent pas plus dans les Universités d'État d'Allemagne que dans les Ecoles libres d'Amérique ou d'Angleterre. Ce simple fait de la rétribution des professeurs d'ordres différents par les étudiants qui suivent leurs cours est considéré par tous les savants de l'Allemagne comme une des causes les plus puissantes de l'incessante activité des corps enseignants, et de la supériorité incontestable de l'enseignement universitaire allemand.

Il a pour première conséquence d'entretenir une énergique émulation entre tous les centres d'instruction. Toute transformation qui marque un progrès réel dans le développement de l'esprit scientifique, toute méthode d'enseignement supérieure aux méthodes anciennes, toute institution nouvelle, toute amélioration dans l'organisation des laboratoires et des instituts pratiques qui se produisent par l'initiative d'une Université, sont immédiatement enviées ,imitées, égalées, parfois supassées par les autres et tendent à élever du même coup le niveau général.

La même loi de concurrence qui règle le progrès continu des établissements industriels trouve ici son application; sous peine de déchéance, il faut réformer, perfectionner, améliorer sans cesse les méthodes, les procédés et l'outillage. C'est à la féconde, je dirai presque à la magique influence de la libre concurrence et de l'autonomie universitaire que la science allemande doit la rapidité prodigieuse de la transformation remarquable qu'elle a subie à la fois dans tous les centres d'instruction supérieure. C'est l'uniformité sans doute, mais c'est l'uniformité dans le progrès.

Longtemps l'esprit scientifique allemand s'était laissé dominer par une philosophie idéaliste, qui éloignait les penseurs les plus actifs et la masse des travailleurs scientifiques des recherches expérimentales et du fertile domaine de l'observation de la nature. Un dogmatisme transcendant, des théories nébuleuses, sans base expérimentale, pesaient sur l'enseignement universitaire, passionnaient les esprits, enfantaient des luttes ardentes, mais stériles pour le progrès réel des sciences. Cette situation se maintenait quand déjà, depuis longtemps en France, la méthode expérimentale était en voie de réaliser dans toutes les branches scientifiques la remarquable révolution à laquelle la science moderne doit toutes ses conquêtes.

Ce sommeil ne pouvait se prolonger. La méthode expérimentale, largement inaugurée par le génie de la science française, devait franchir le Rhin. Quelques esprits d'élite dans le corps universitaire allemand entrèrent d'abord avec hardiesse dans cette voie. Leur enseignement eut un prodigieux succès. Les vieux maîtres dogmatisants virent le vide se faire autour d'eux. Les disciples désertaient en masse pour se porter là où s'ouvrait devant eux un enseignement fécond ; là où on leur apprenait enfin à lire dans le grand livre de la nature. La nouvelle ère fut inaugurée à Berlin, par Jean Müller, dans le domaine des sciences biologiques ; par Schœnlein, à Würtzbourg et à Zurich dans l'enseignement médical clinique. Il n'y a pas quarante ans que les Universités allemandes se réveillèrent comme en sursaut au retentissement du bruit que l'écho leur apportait de Zurich et de Berlin. De nombreux disciples formés par les nouveaux maîtres envahirent bientôt comme *Privatdocenten*, comme professeurs extraordinaires, et bientôt comme professeurs titulaires, tous les centres d'instruction supérieure, et partout leur enseignement eut le même succès. Il n'y avait plus à hésiter, l'impulsion était donnée, il fallait, pour suivre dans la nouvelle voie ouverte au progrès, marcher à la conquête de la *science expérimentale* ou mourir d'inanition. Je ne dirai pas les noms glorieux de cette ardente et jeune phalange qui, dans l'espace de quarante ans, a fait de l'Allemagne une des premières nations scientifiques du monde. Mon but n'est pas de résumer l'histoire de la science moderne; mais ce que je veux faire ressortir, parce que notre pays, notre gloire, notre initiative scientifique s'y trouvent intéressés, c'est que la science allemande a rencontré dans son organisation universitaire un instrument de progrès sans lequel elle n'eût jamais pu accomplir, en peu d'années, sa prodigieuse évolution.

Supposez en Allemagne la liberté des études entravée par une interventiou abusive des gouvernements d'État qui obligeraient les nationaux badois, wurtembergeois, hessois, hanovriens d'étudier et de prendre leurs grades dans les Universités soldées et entretenues par le budget du pays natal; supposez l'autonomie et la liberté universitaires entravées par une réglementation routinière émanant des ministères ou de leurs bureaux; supposez le corps enseignant exclusivement composé de professeurs ordinaires, salariés par l'État, inamovibles et sans concurrence effective, dans de telles conditions l'essor eût-il pu être le même? croit-on que tant de laboratoires de physique et de chimie, les uns mieux installés que les autres, des instituts d'expérimentation biologique, des cabinets de recherches microscopiques et anatomo-pathologiques, des cliniques spéciales de toute espèce, d'otiatrique, ophthalmologiques, laryngoscopiques, etc., fussent sortis du néant par l'initiative et l'inspiration des ministres d'instruction publique des gouvernements des différents États de Prusse, d'Autriche, du Hanovre, de Bade, du Wurtemberg, de la Hesse, etc. ? Les professeurs ordinaires, inamovibles et salariés quand même, se seraient-ils beaucoup agités pour créer le nouvel outillage scientifique, pour perfectionner l'ancien, pour s'armer de toutes pièces en vue de soutenir l'honneur de leur vieux drapeau doctrinal ?

Les professeurs les plus ardents au progrès, en sollicitant en vain de nouveaux subsides, ne se fussent-ils pas découragés si on leur avait fait la réponse que donnent d'ordinaire les ministres quand il s'agit de dépenses nouvelles dont ils ne comprennent pas l'importance : « Le budget n'a pas assez d'argent. » Les professeurs plus routiniers n'eussent-ils pas préféré, en grande majorité, tonner du haut de leurs chaires contre les novateurs qui cherchaient dans les cadavres le secret de la vie pathologique, contre ces illuminés qui prétendaient, avec des microscopes, fouiller dans le domaine des infiniment petits ; contre l'intrusion des chimistes et des physiciens qui prétendent faire avancer avec des cornues et des machines la science de la vie ?

Certes, la science eût toujours marché en Allemagne, comme elle a progressé ailleurs, car la puissance de la vérité est partout irrésistible ; mais ce qu'une seule génération de travailleurs, stimulés par la libre concurrence, a accompli, eût exigé l'effort d'un siècle dans des conditions de milieu moins favorables.

La concurrence effective qui fait du progrès la loi d'existence des différents centres universitaires exerce la même influence au sein des Facultés. Le professeur ordinaire n'a pas le monopole de l'enseignement de la branche scientifique qu'il cultive. A côté de lui, dans le sein même de la Faculté qu'il représente, deux, quelquefois trois professeurs extraordinaires ou docteurs *Privatdocenten* ont, à côté de lui, le droit d'ouvrir des cours rétribués comme les siens par les élèves; ils disposent, comme lui, des éléments matériels nécessaires que l'École et l'État mettent libéralement à leur disposition. Le professeur ordinaire est donc en lutte d'émulation permanente avec des forces plus jeunes, et sa vieille réputation doit incessamment grandir sous peine de déchoir. La concurrence au rabais est impossible, car le minimum de la rétribution est fixé par des règlements sévères; il n'y a pas de maximum, et le savant éminent peut élever à volonté le taux de ses honoraires et le nombre de ses leçons. La concurrence n'agit donc et ne peut agir que dans une direction ascendante, dans le sens de la force et de l'élévation de l'enseignement; elle impose l'incessante activité et l'incessante amélioration des méthodes d'enseignement. La rétribution scolaire des professeurs est payée au secrétariat de la Faculté, qui reçoit ou dresse la liste des élèves inscrits chez chacun d'entre eux. Les études régulières astreignent tout élève à un certain nombre de cours réglementaires par année d'études. Il faut qu'il suive, par exemple, un cours d'anatomie et de physiologie, un cours de pathologie générale et spéciale, un cours de médecine opératoire et de bandages, etc., etc.; mais chacun de ces enseignements compte au moins deux professeurs, l'un ordinaire, les autres extraordinaires. L'étudiant n'apprend pas absolument ce qu'il veut, mais il choisit librement le maître qui doit le diriger dans ses études. La scolarité est parfaitement réglée, mais elle se combine avec une large liberté des études. Les certificats de présence aux cours réglementaires sont obligatoires pour être admis aux examens académiques, aussi bien que pour les examens d'État; le candidat est tenu de les présenter, et de justifier ainsi d'une scolarité régulièrement accomplie; mais le certificat de présence du professeur ordinaire ne donne pas plus de droit que celui du professeur extraordinaire ou du docteur *Privatdocent*. Toutes les Universités admettent comme équivalents les certificats de présence délivrés dans d'autres Universités, et jamais, dit avec raison M. Pouchet, l'examinateur ne trouve mauvais que le candidat n'ait point suivi ses propres leçons. Un professeur qui se permettrait des actes de partialité par un tel motif serait mis à l'index et par ses collègues et par les étudiants; son propre intérêt lui fait de la justice une loi et une vertu. Les examens d'État et les jurys spéciaux offrent du reste une garantie suffisante contre toute sévérité abusive qui pourrait léser le principe de la liberté des études.

On a fait à l'enseignement supérieur allemand le reproche d'élever notablement le prix des études. Ce reproche est discuté par M. Pouchet dans des termes que je crois devoir rapporter textuellement, car ils sont l'expression exacte de la vérité : « Oui, sans doute, ces rétributions payées au commencement de chaque semestre ont « bientôt dépassé le montant des inscriptions trimestrielles « prises par l'étudiant français; mais il faut tenir compte « de tout, du nombre d'heures consacrées par le professeur à ses cours, du nombre d'élèves qu'il a, des facilités données à l'enseignement pratique. On arrive ainsi, « sans peine, à se persuader que le pécule de l'étudiant « allemand est beaucoup mieux employé, et que la somme « d'instruction à laquelle il aurait droit en France pour le « même prix ne saurait être comparée à celle qu'il se procure en Allemagne. » Il est un autre fait qui a frappé tous les hommes qui s'occupent sans prévention des questions d'enseignement supérieur, c'est que les cours et les leçons pratiques rétribués par les étudiants sont généralement mieux faits, suivis plus assidûment et avec plus de fruit que les cours gratuits. Quant aux cours gratuits et obligatoires, tels qu'ils existent dans beaucoup de Facultés en dehors de l'Allemagne, l'obligation peut assurer la présence matérielle de l'étudiant; elle n'assure en rien ni son attention, ni son zèle, ni sa volonté d'apprendre. La gratuité de l'enseignement est, du reste, largement pratiquée en Allemagne en ce qui concerne les étudiants pauvres; elle est pratiquée par l'initiative individuelle des membres du corps enseignant. Elle est assurée à l'étudiant par l'institution des bourses et des libéralités universitaires. Un cinquième des étudiants allemands, près de 1200, profitent de pareilles immunités.

Je n'ai pas l'intention de poursuivre dans tous ses détails l'organisation des Universités allemandes; cette étude a été faite et bien faite par M. Jaccoud, dont le remarquable travail est à la portée de tous et sera lu et médité avec fruit par tous ceux qui s'intéressent aux conditions du progrès de la science. Ce que j'ai voulu faire ressortir, c'est le système par lequel les Universités allemandes ont heureusement combiné, dans des institutions d'enseignement éprouvées et pratiques, les deux principes de l'intervention de l'État et de la liberté de l'enseignement. La liberté d'enseignement ne fonctionne pas en Allemagne au même degré qu'en Amérique et en Angleterre. Les Universités sont toutes des institutions d'État, elles ont *le monopole* de l'instruction supérieure en Allemagne; mais dans le sein des Universités la liberté des études et la liberté d'enseignement sont largement pratiquées. Dans toutes les Universités, au sein des Facultés qui les composent, toutes les vocations, tous les talents réels peuvent se produire et se développer librement; car les portes sont largement ouvertes, et le nombre des *Privatdocenten* n'est pas limité. Pour ouvrir un cours, il suffit de donner à la Faculté des garanties de capacité scientifique que tout savant est en mesure de fournir. Le concours ou le choix qui assure au professeur ou à l'agrégé une fois nommé un droit exclusif serait considéré en Allemagne comme une grave atteinte à la liberté de l'enseignement. Le concours qui, bien considéré, n'est qu'une institution de défiance contre l'arbitraire et le favoritisme, est remplacé par la libérale institution des *Privatdocenten* et des professeurs extraordinaires. Le concours est ainsi remplacé par la concurrence libre, incessamment stimulée par l'admission de tous les talents qui ont ou qui croient avoir une vocation sérieuse pour la carrière de l'enseignement.

En Hollande et en Suisse, nous retrouvons, à peu de chose de près, dans les institutions du haut enseignement, l'application d'un système qui combine à peu près dans les mêmes proportions qu'en Allemagne les deux principes de l'intervention de l'État et de la liberté universitaire.

Du système universitaire en France.

En France, les institutions d'instruction supérieure offrent un caractère spécial qui ne se retrouve dans aucun autre pays libre; notre système a tout concentré entre les mains de l'État et du Ministère de l'instruction publique, il n'a fait au principe de liberté qu'une part infiniment restreinte.

La différence fondamentale que présente, à ce point de vue, le régime universitaire français, est tellement frappante, qu'il importe, avant d'examiner de plus près la situation du haut enseignement, en France, de signaler les conditions sous l'influence desquelles elle s'est façonnée telle qu'elle est.

Les institutions du haut enseignement dans tous les États européens présentent, dans leur développement primitif, une grande analogie; l'origine de la plupart de ces institutions remonte jusqu'au moyen âge; un grand nombre d'universités sont écloses des institutions religieuses, transformées en corporations enseignantes, sous la protection de l'Église et des papes. D'autres, à leur naissance, étaient des créations libres et spontanées, issues de l'initiative qui groupait autour d'un centre commun quelques savants, quelques intelligences d'élite. Généralement, elles étaient des corporations indépendantes de l'État. Les gouvernements n'intervenaient que pour les encourager, leur assurant, avec leur protection, des privilèges et des dotations que venaient augmenter les dons et les legs de tous ceux qui s'intéressaient au progrès de l'esprit humain.

Les papes, les évêques, les empereurs, les rois, les princes et les grands seigneurs, les villes libres du moyen âge, étaient les protecteurs-nés de ces corporations, qui cherchaient, par l'enseignement, à dissiper les épaisses ténèbres de la barbarie de cette époque.

L'autonomie, l'esprit de corporation et le *selfgovernment* formaient le caractère originel commun de toutes les institutions universitaires. Ce caractère originel s'est maintenu jusqu'à nos jours dans les institutions de l'Angleterre et de l'Allemagne; il s'est reproduit même dans celles qui, d'origine plus récente, ont été directement créées par les princes ou les États de la Confédération germanique.

Dans ce pays, la Réforme a affranchi, de bonne heure, les corporations enseignantes de la tutelle de l'Église et lui a substitué celle de l'État laïque; mais l'intervention gouvernementale a respecté les antiques priviléges et les libertés universitaires; elle n'a pas dépassé les limites d'une surveillance tutélaire et d'une protection morale, appuyée par de très-larges et généreuses subventions.

En France, les institutions de haut enseignement ne diffèrent pas, à leur origine et dans leur développement primitif, de celles de l'Allemagne et de l'Angleterre; mais, dans leur organisation ultérieure, elles sont entrées dans une voie différente.

On peut lire, dans le remarquable *Répertoire de législation* de M. Dalloz, l'histoire de nos institutions universitaires; cette histoire est aussi intéressante qu'instructive. Nous voyons l'Université de Paris naître, comme par génération spontanée, du mouvement scientifique qui se produisit en France, au nord de la Loire, dès le commencement du douzième siècle.

Elle grandit d'abord par une évolution autonome, puis obtient de l'Église et des papes la sanction des statuts établis par les maîtres de l'Université; des bulles successives d'Innocent III, de 1209 à 1215, assurent ses franchises et ses priviléges.

L'intervention de l'Église, absolue en ce qui concerne les questions dogmatiques, est protectrice et tutélaire pour tout le reste; elle reconnaît la légitime autonomie de la corporation, et cette même autonomie est respectée et successivement agrandie par le pouvoir royal, dans ce qu'elle a de plus essentiel.

A différentes reprises, cependant, le haut enseignement universitaire est soumis à des réformes, au treizième et au quatorzième siècle, par l'intervention de l'Église.

Ce sont les papes Innocent III et Urbain V qui, directement ou par leurs légats, sanctionnent ou réforment les statuts de l'Université, en dehors du pouvoir civil. Au quinzième siècle, la royauté intervient de son côté et s'associe au pouvoir ecclésiastique pour réformer des abus ou compléter des statuts insuffisants. Puis enfin le pouvoir civil entreprend seul, sous Henri IV, la restauration de l'Université, dont l'existence avait été singulièrement compromise par la guerre civile. Henri chargea l'archevêque de Bourges, assisté de six commissaires, dont le nombre fut porté ensuite à huit et parmi lesquels se trouvaient Auguste de Thou et Achille de Harlay, de préparer les réformes devenues nécessaires. Les nouveaux statuts qui sortirent du travail de cette Commission furent soumis à la révision de trois membres du Parlement, puis solennellement promulgués en 1606 aux Mathurins, dans une assemblée générale de l'Université.

Toutes ces réformes conservent à l'Université son caractère originel de corporation enseignante et lui reconnaissent une certaine autonomie en ce qui concerne son administration et son gouvernement intérieur.

Elle reste une personnalité juridique, elle a ses statuts obligatoires, mais elle a aussi ses franchises, ses libertés et ses privilèges, et c'est comme personnalité collective douée d'une vie propre et quasi-indépendante, qu'elle soutient des luttes ardentes et prolongées pour la défense de ses droits et de ses privilèges.

A son origine l'Université de Paris, comme aujourd'hui encore les Universités d'Allemagne, embrassait seulement l'enseignement supérieur (la philosophie, les lettres et les sciences, la théologie, le droit et la médecine), se fractionnant ainsi, par une division naturelle, en corps enseignants distincts, reliés au tronc commun. Mais le cercle de son influence s'étendit peu à peu et finit par comprendre l'enseignement de toutes les connaissances, à l'exception de celles que nous désignons aujourd'hui sous le nom d'*instruction primaire*. C'est au nom de cette influence qu'elle combattit pendant de longues années l'intrusion des ordres religieux et surtout celle des Jésuites dans l'enseignement secondaire.

L'Université de Paris avait une sphère d'action étendue mais limitée par les divisions politiques et territoriales de la France. En dehors d'elle, des centres de haut enseignement analogues s'étaient constitués dans les provinces, sous la protection de l'Église, des hautes influences aristocratiques et des villes. Il est certain que l'Université de Paris a donné plus que son nom aux autres centres d'instruction supérieure; son organisation a servi, en grande partie, de modèle aux Écoles de haut enseignement disséminées dans les différentes provinces; le même nom, une organisation analogue furent adoptés par les hautes Écoles de l'étranger. Les Universités d'Allemagne signalent encore aujourd'hui cette communauté d'origine.

Les Universités de province, comme celle de la capitale, se divisaient en Facultés; elles avaient des statuts semblables, mais leur vie ne dépendait que d'elles-mêmes et des pouvoirs qui avaient reconnu, sanctionné et assuré leur existence légitime.

C'est ainsi que les écoles de Toulouse, de Montpellier, d'Orléans, établies dès le treizième et le quatorzième siècle, prirent, à l'instar de celle de Paris, le nom d'*Univer-*

sité. Le quinzième siècle vit naître celles de Caen, de Valence, de Bourges, de Bordeaux, de Poitiers et de Nantes.

Pour l'enseignement de la médecine et la collation des grades, des Facultés et des Colléges de médecine et de chirurgie, organisés en corporations, avaient surgi dans presque tous les grands centres de population. C'est une évolution analogue à celles d'où sont sorties les institutions de l'Allemagne et de l'Angleterre.

Telle fut, entre autres, l'origine de l'ancienne Université de Strasbourg, qui vécut, non sans éclat, sous la protection du Magistrat de la Ville jusqu'en 1793.

Certes, dans ces antiques institutions il existait plus d'un abus; beaucoup d'entre elles ne répondaient qu'imparfaitement aux exigences légitimes d'un enseignement supérieur fortement organisé; la collation des grades et des titres universitaires ne garantissait ni des épreuves ni des études sérieuses. La plupart de ces écoles portaient en elles un germe de vitalité, de transformation et de progrès. Fécondé par le génie moderne, ce germe a pu se développer librement en Allemagne. Nous avons vu les fortes et vigoureuses institutions qu'il y a produites.

A la fin du dernier siècle, les hautes Écoles et les Universités françaises n'étaient pas dans une situation beaucoup inférieure à celle des Universités étrangères; il n'est pas à présumer que, protégées, subventionnées, encouragées, surveillées, réformées par l'État, mais libres dans leur développement autonome, elles eussent été incapables de réaliser une évolution progressive analogue, voire même plus active et plus puissante. Les premiers représentants de la Révolution française, si belle et si légitime dans son origine, en avaient-ils la conscience? Je ne sais; ce qui est certain, c'est qu'emportés bientôt par la passion d'une rénovation radicale et ayant la prétention de tout reconstruire à neuf, les Assemblées révolutionnaires firent table rase. C'est ainsi qu'avec les Universités, les Facultés de droit et de médecine, celles des lettres et des sciences disparurent momentanément et furent supprimées en 1792 par l'Assemblée législative; puis, comme certains besoins étaient pressants et qu'il fallait des médecins aux populations et des chirurgiens à l'armée et à la marine, un décret du 14 frimaire an III réorganisa trois Écoles de médecine à Paris, à Montpellier et à Strasbourg. Les visées scientifiques des fondateurs de ces institutions n'étaient pas très-élevées; dans leur pensée, ces écoles avaient surtout pour but de former des officiers de santé pour les hôpitaux, pour l'armée et la marine. Les élèves de l'État, comme ceux de l'École polytechnique, recevaient 1200 fr. de traitement; mais à côté de ces élèves, entretenus aux frais de l'État, en vue des services publics, les Écoles recevaient des élèves libres et même des étrangers. Quant aux Facultés de droit, leur restauration fut ajournée jusqu'à la fin de la réforme de la législation; l'enseignement du droit ne fut réorganisé que sous le Consulat.

Il serait injuste néanmoins de méconnaître les intentions des assemblées révolutionnaires. Dans leurs plans de rénovation universelle, l'instruction du peuple à tous les degrés et les progrès de la science avaient une large part sans doute; mais les malheurs du temps et la tourmente de plus en plus violente ne permirent pas de réédifier sur une base solide et d'après des plans bien médités.

Néanmoins de belles créations sont dues au génie de la Révolution : telles furent l'Institut, qui dut remplacer, en vue du progrès scientifique, les anciennes Académies supprimées: le Muséum d'histoire naturelle, qui succéda au

Jardin-du-Roi; le Conservatoire des arts et métiers, l'École polytechnique, l'École normale, l'Ecole des mines, l'École du génie; mais la plupart de ces institutions étaient créées à Paris, et rien de sérieux n'était entrepris en faveur de l'instruction supérieure détruite dans les provinces. L'Institut était certes une belle conception, et l'antique Collége de France n'avait jamais cessé de fonctionner, même pendant la Terreur, mais ce n'était évidemment pas assez pour entretenir, dans un grand pays comme la France, l'esprit scientifique et la tradition des hautes études.

C'est dans ces conditions que, après le 18 brumaire, Napoléon, devenu tout-puissant, entreprit en France la restauration de l'instruction publique. L'Université moderne, les institutions d'instruction supérieure et secondaire, telles qu'elles se sont développées et telles qu'elles existent encore aujourd'hui, sont sa création.

L'Université napoléonienne est certainement une conception grandiose, elle porte l'empreinte du génie, mais non celle de la liberté.

L'esprit de la centralisation gouvernementale, absorbant au profit de l'État et de la personnalité qui le représente tous les éléments de la vie nationale, constitue le caractère général et prédominant de ses créations.

Ce caractère se retrouve dans l'organisation de l'Université moderne; le nom d'*université* perd complétement son ancienne signification; ce nom ne s'applique plus à des corporations enseignantes, multiples et distinctes, disséminées dans les grands centres de population, reconnues, protégées et subventionnées par l'État, mais douées néanmoins d'une vie libre et indépendante, se gouvernant et s'administrant elles-mêmes d'après des statuts acceptés par l'État et sous la surveillance de l'État. L'Université impériale apparaît comme une gigantesque administration de l'instruction publique centralisée, qui enlace toutes les institutions d'enseignement à tous les degrés et détruit du même coup leur autonomie.

Les conditions essentielles de la vie des organismes universitaires n'ont pas entièrement échappé au premier Empereur. Napoléon Ier, dit M. Dalloz dans son *Répertoire de législation*, jugea que le moyen le plus sûr de rendre à l'éducation nationale son antique splendeur, c'était de la confier à un corps, expression de la puissance publique, qui répondrait à l'État et aux familles de l'avenir des nouvelles générations. « Je veux, disait-il à M. Fontanes, « un corps enseignant, parce qu'un corps ne meurt « jamais, et parce qu'il y a transmission d'organisation et « d'esprit. Je veux un corps dont la doctrine soit à l'abri « des petites fièvres de la mode, qui *marche toujours quand* « *le gouvernement sommeille*, dont l'administration et les « statuts deviennent tellement nationaux qu'on ne puisse « jamais se déterminer légèrement à y porter la main. »

Cette idée mère, si juste et si vraie, est frappée au coin du génie; mais pour la réaliser, il eût fallu autre chose qu'un vaste mécanisme administratif; il eût fallut plus que des institutions sans autonomie, recevant en tout et pour tout leur direction et leur impulsion d'en haut, fonctionnant comme des rouages, avec une hiérarchie de fonctionnaires qui exécutent, chacun dans sa sphère étroite, un invariable programme.

« Qu'on ne s'y trompe pas, dit encore M. Dalloz dans son *Répertoire de législation*, le *Corps enseignant*, cette véritable corporation que créa Napoléon Ier et qui fut l'Université, n'avait aucune autonomie ni indépendance. » En effet, le grand maître qui la régissait n'était que le délégué, le représentant de l'Empereur, et le Conseil de l'Université, qui assistait le grand maître, avait pour supérieur, en matière de règlement et de haute juridiction, le Conseil d'État lui-même, que pouvait présider l'Empereur. L'Université impériale, avec le système de l'autorisation préalable qui en fait un monopole, était donc, selon les expressions de Royer-Collard, « le gouvernement lui-même, « appliqué à la direction universelle de l'instruction pu- « blique. »

Ce caractère d'absolutisme administratif et, en fin de compte, de bureaucratie ministérielle, malgré certaines fluctuations et malgré les brèches faites dans le monopole de l'instruction secondaire[1], s'est dégagé de plus en plus nettement, et s'est maintenu jusqu'à ce jour dans les institutions de l'enseignement supérieur de l'État.

De l'influence du système universitaire napoléonien sur les institutions de l'enseignement supérieur.

Pour apprécier l'influence exercée par le principe d'absolutisme et de centralisation administrative sur les institutions de haut enseignement, sur le mouvement et le progrès scientifique de la France, il est avant tout nécessaire de faire abstraction de Paris.

Dans notre système d'instruction supérieure, Paris a toujours occupé et occupe encore une situation exceptionnelle. Avant l'établissement de l'Université impériale, Paris possédait déjà de nombreuses institutions scienti-

1. Et supérieure depuis la loi de 1875.

fiques, les unes anciennes, les autres transformées ou créées par la Convention nationale.

L'Institut, le Muséum, le Collége de France, l'École normale, l'École polytechnique, l'École des mines, le Conservatoire des arts et métiers sont des créations antérieures, suffisantes déjà pour faire de Paris un centre scientifique. Les créations nouvelles et plus spécialement universitaires, les Facultés des lettres, des sciences, de droit, de médecine et de théologie, complètent dans la capitale de France un faisceau d'institutions auquel Paris doit d'être un foyer scientifique de premier ordre.

Ce foyer concentre tous les éléments d'une vie universitaire, énergique et féconde. Le haut enseignement général et l'enseignement spécial et technique s'y trouvent réunis au grand complet. Le corps enseignant, très-nombreux, compte dans ses rangs une foule d'esprits éminents ; leur contact incessant, leur frottement même, sont un stimulant toujours actif du mouvement intellectuel.

Les Académies, l'Institut et les Sociétés scientifiques sont autant d'assemblées où s'opère un échange continuel d'idées, où ces idées subissent l'épreuve de la discussion, où les découvertes, nées d'hier, sont aussitôt appréciées et trouvent immédiatement à leur service des organes d'une grande et rapide publicité.

L'activité, l'initiative féconde des membres du corps enseignant, tenues en haleine et surexcitées par l'ardeur du foyer commun, sont toujours sûres de rencontrer dans une capitale un public suffisant. Si l'étudiant fait défaut, la foule qui se presse dans l'amphithéâtre n'a jamais manqué, à Paris, aux professeurs que distinguent la profondeur de leur science, la nouveauté de leurs recherches ou leur talent de vulgarisation.

Dans de telles conditions, la torpeur morale, l'esprit de routine, ne peuvent envahir que difficilement les membres du corps enseignant.

Il ne faut pas se faire illusion, cependant : si Paris s'est maintenu au premier rang des foyers scientifiques du monde, ce résultat ne saurait être attribué au système administratif qui, depuis Napoléon Ier, préside aux destinées de l'instruction supérieure en France. Il est, au contraire, le produit naturel de la concentration, dans la cité la plus populeuse et la plus intelligente de la France, de toutes les institutions nécessaires à la formation du milieu sans lequel la science ne peut vivre ni se développer. Ce milieu est nécessairement plus énergique au sein d'une grande ville ; mais le même phénomène d'une vie scientifique, très-active et très-féconde, se reproduit partout où les mêmes conditions de milieu ne font pas absolument défaut.

Nous l'avons constaté dans la plupart des Universités allemandes, dont quelques-unes sont établies dans des villes de second et de troisième ordre. L'association de toutes les branches d'enseignement supérieur, dans ces petits centres, est certainement l'une des causes les plus efficaces de leur vitalité scientifique.

La centralisation administrative de l'instruction publique a, du reste, nécessairement favorisé les institutions de haut enseignement à Paris. Le grand maître de l'Université de France, qui résidait dans la capitale, était aussi le chef immédiat et direct des Facultés, il était en mesure d'apprécier par lui-même leurs besoins. Les doyens et les professeurs des Facultés de Paris étaient parfaitement placés pour agir et exercer une influence directe sur les décisions ministérielles et bureaucratiques ; ils étaient certains d'obtenir toutes les subventions budgétaires, toutes les améliorations utiles au développement de leurs institutions.

Et cependant les vices du système universitaire impérial étaient tels qu'ils ont pesé sur l'enseignement là même où il semblait devoir en tirer le plus grand profit, et que leur action délétère s'y est fait ressentir.

Mais c'est surtout en dehors de la capitale et dans son action sur les institutions d'instruction supérieure de la province qu'il faut étudier l'influence du système universitaire qui nous régit.

Examinons maintenant le mécanisme des institutions enfanté par l'administration de l'instruction publique, et suivons-le dans son action sur la vie intérieure des Écoles et des Facultés et sur leur enseignement.

Du système des Écoles d'instruction supérieure.

Si l'on jette un coup d'œil sur les établissements de haut enseignement, disséminés dans les départements, on cherche en vain à dégager le principe en vertu duquel l'administration centrale a procédé à leur constitution, en vertu duquel elle procède encore, de temps à autre, à de nouvelles créations.

Les administrations centrales ont une grande prédilection pour l'uniformité des institutions qui naissent, qui doivent vivre et se développer sous leur influence.

Un certain genre d'uniformité, dont il importe de bien saisir la nature et le caractère général, ne fait certainement pas défaut à l'organisation dite *universitaire* dans la province.

Ce principe a été en effet assez largement appliqué, mais c'est au bénéfice de l'administration bureaucratique et nullement dans le but de créer à l'instruction supérieure et au mouvement scientifique de la province, un milieu partout également favorable à leur développement.

Au lieu de centres universitaires, fortement constitués par la réunion, dans un certain nombre de villes, de toutes les institutions dont l'ensemble représente, dans tous les pays civilisés, l'unité universitaire, nous voyons apparaître en France l'unité administrative. Après un certain nombre de remaniements, la France est aujourd'hui divisée en 18 circonscriptions académiques; chacune de ces circonscriptions comprend plusieurs départements. A chaque circonscription académique est préposé un recteur, nommé par le ministre de l'instruction publique.

Le recteur et son bureau académique représentent le centre universitaire en province.

Quant aux institutions de haut enseignement, elles ne manquent certainement pas; ce qui frappe, au contraire, ce qui peut même éblouir les observateurs superficiels, qui ne se donnent pas la peine d'étudier de plus près, c'est l'excessive multiplicité de ces institutions; mais ce qui étonne plus encore et ce qui paraît incompréhensible, c'est leur éparpillement, c'est surtout la disjonction et l'isolement des Facultés et des Écoles, localisées ou accouplées deux à deux, trois à trois, en dehors de toute proportion, dans une foule de villes.

Il n'y a d'exception que pour une ou deux cités, où se trouvent encore réunies les différentes Facultés ou Écoles dont l'ensemble constitue la solidarité de la vie scientifique ou l'unité universitaire.

Quinze Facultés des lettres, à peu près une par circonscription académique, autant de Facultés des sciences, douze Facultés de droit;

Trois Facultés de médecine et autant d'Écoles supérieures de pharmacie, enfin vingt-deux Écoles secondaires ou préparatoires de médecine et de pharmacie;

Tel est le chiffre très-élevé des établissements d'instruction supérieure disséminés dans les villes de province. Ce bilan dénote sans contredit la louable et bonne intention de répandre partout, dans toutes les régions de la France, les éléments d'instruction littéraire et scientifique. Il semble que, dans le partage des faveurs gouvernementales, on ait voulu faire acte de justice distributive et donner satisfaction au plus grand nombre possible d'intérêts locaux: mais, en y regardant de plus près, on s'aperçoit bientôt que ce système d'éparpillement et de disjonction des Facultés n'était point prémédité, et qu'il est sorti très-naturellement, comme une conséquence nécessaire, *de la substitution du centre académique administratif* au véritable *centre universitaire d'enseignement.*

En effet, dès l'origine de l'Université impériale, on peut constater que la conception du rôle attribué aux institutions d'instruction supérieure en province ne visait pas au développement libre de l'esprit scientifique au sein même de ces nouvelles créations.

Une Faculté des lettres et une Faculté des sciences furent instituées par le décret organique de 1808, dans chaque circonscription académique, afin de compléter l'instruction littéraire et scientifique des Lycées. Isolées des autres Facultés, annexées, si je puis dire, à des institutions d'instruction secondaire, réduites à un personnel fort restreint, qui se recrutait parmi les professeurs des Lycées, pourvues d'un matériel généralement insuffisant, ces facultés, privées de toute autonomie, de toute liberté, de toute initiative pendant toute la durée du premier Empire, ne purent arriver à aucun développement sérieux. Leur sphère d'activité était si bornée, leur utilité parut si contestable, qu'elles furent supprimées, presque en masse, et sans être remplacées par rien, en 1816. Quelques-unes furent rétablies en 1838; d'autres en 1847; le plus grand nombre date de 1854.

La création des Facultés de droit, comme celle des Facultés des lettres et des sciences, a eu lieu en dehors de toute idée de fonder dans les villes où on les établissait, des centres scientifiques fortement constitués. Le décret de 1808 ayant assigné à toute circonscription académique une Faculté des lettres et une Faculté des sciences, les Facultés de droit de nouvelle formation se sont naturellement trouvées, dans un certain nombre de villes, juxtaposées aux deux autres Facultés, mais sans autre lien que leur administration commune par un même recteur chargé également de toutes les branches d'instruction, des Lycées et des écoles primaires.

Il en a été de même des Facultés et des Écoles secondaires de médecine; aussi, quand en 1816 on supprima un très-grand nombre de Facultés des lettres et de Facultés des sciences, on ne songea nullement que cette suppression allait porter préjudice à des centres de haut enseignement. Aux yeux de l'administration de cette époque, il n'existait évidemment aucun lien de solidarité entre les différentes Facultés. Une Faculté de droit et une École de médecine semblaient tout aussi bien pouvoir exister isolément, qu'à côté d'une Faculté des lettres ou des sciences.

C'est ainsi que la réorganisation des Écoles secondaires

de médecine et leur transformation en Ecoles préparatoires se sont opérées sous le règne de Louis-Philippe, tandis que la réorganisation des Facultés des sciences et des lettres ne date que de 1854.

De remaniement en remaniement, de concession en concession, l'administration universitaire est arrivée, sans parti pris, à une extrême multiplicité de petits centres d'enseignement supérieur, tous composés de Facultés juxtaposées, sans lien entre elles, sans initiative et sans moyens propres de développement. Elle a ainsi donné, jusqu'à un certain point, satisfaction à la justice distributive invoquée par l'esprit de clocher ; mais, sans s'en douter peut-être, elle l'a fait aux dépens de l'esprit scientifique, qui n'a jamais trouvé, en province, les éléments nécessaires à un développement actif et fécond. C'est là ce qu'il importe de faire apprécier, en entrant dans quelques détails sur l'organisation des Facultés et la sphère d'activité que l'administration leur a faite.

Des Facultés des lettres et des Facultés des sciences.

Le haut enseignement général, qui comprend la philosophie, l'histoire, la philologie, les lettres et les sciences mathematiques et naturelles, est représenté, en province, comme nous l'avons dit, par quinze Facultés des lettres et autant de Facultés des sciences. Toutes sont organisées d'après un type uniforme. Chacune d'elles compte le même nombre, très-minime, de professeurs : cinq pour chaque Faculté des lettres, cinq pour chaque faculté des sciences. Le doyen est nommé par le ministre de l'instruction publique, sur présentation ; les professeurs sont également nommés par le ministre, ou par le Conseil de l'Université, résidant à Paris, sur une liste de quatre candidats, dont deux sont présentés par la Faculté et deux par le Conseil académique.

En dehors des professeurs ordinaires, il n'y a plus, de fait, dans les Facultés, ni suppléants attitrés ni agrégés résidants. Lorsque, pour des motifs quelconques, un professeur ne peut remplir ses fonctions, le ministre délègue un suppléant, qui peut être choisi parmi les simples docteurs ou dans le corps des agrégés.

L'agrégat n'est pas une fonction, c'est un simple titre universitaire, comme celui de docteur; mais il s'obtient par voie de concours, et ce concours a lieu à Paris.

Il y a trois ordres d'agrégés pour les lettres :

1° Philosophie;

2° Littérature ancienne et moderne;

3° Histoire et géographie.

Trois pour les sciences :

1° Mathématiques;

2° Physique;

3° Sciences naturelles.

Les agrégés sont le plus souvent professeurs dans des lycées, où ils résident et fonctionnent. Le corps des agrégés n'appartient spécialement à aucune Faculté; ses membres n'ont de fonctions attitrées dans aucune; ils peuvent résider partout ailleurs qu'au siége des Facultés.

L'agrégat n'est donc pas un corps enseignant, un corps de professeurs extraordinaires; c'est tout simplement un titre d'aptitude à remplir certaines fonctions d'enseignement. Ce titre même n'est pas exigé pour obtenir une chaire vacante ou une suppléance; il a surtout de l'importance pour l'avancement dans le corps de l'instruction secondaire. Le corps enseignant ordinaire des Facultés n'est ainsi ni fortifié ni complété par un personnel plus jeune, fonctionnant à côté de lui et concourant avec lui à donner plus d'ampleur et de vie à l'enseignement et aux études scientifiques des Facultés.

Il est vrai que des agrégés peuvent obtenir du ministre le droit d'ouvrir un cours dans une Faculté; mais il règne fort peu d'émulation à cet égard et il n'existe guère d'exemples de cours libres faits par des agrégés. Nous en dirons bientôt la raison.

Avec le maigre personnel de cinq professeurs, dont chacun fait *deux* leçons par semaine, le programme du haut enseignement littéraire et scientifique, dans chaque Faculté, ne peut être assurément ni fort étendu ni très-complet.

Chacune de ces Facultés est astreinte à un programme analogue; ce programme, discuté toutes les années dans l'assemblée des professeurs, est approuvé par le ministre. Les variantes sont très-insignifiantes; elles portent plus spécialement sur telle ou telle partie très-restreinte d'histoire, de philosophie ou de littérature ancienne, française ou étrangère. Le goût du professeur et surtout la nature de *son auditoire* décident du choix.

Les programmes des sciences physico-chimiques et naturelles ont moins de latitude; ils restent dans les limites de la science acquise et traditionnelle; on est même allé jusqu'à mutiler le programme présenté par certains professeurs, jusqu'à en rayer certaines nouveautés qui ne semblaient pas devoir y trouver place. Je me rappelle les doléances d'un de mes anciens et bons amis, professeur de zoologie à la Faculté des sciences de Strasbourg : c'était à l'époque où la découverte de Schwann sur la composition cellulaire des organes et des tissus commençait à porter ses fruits. Dans toutes les Universités allemandes on était à l'œuvre, dans l'espoir d'ajouter un nouveau chapitre à la science. L'histologie était en pleine évolution sur le sol germanique et avait pris un rang distingué dans l'enseignement universitaire. Un silence absolu régnait dans les Écoles françaises; mon savant collègue dont je parle avait suivi avec ardeur toutes les découvertes nouvelles, il avait acquis une grande habitude du microscope; il prétendit ne pas laisser à l'Allemagne toute l'initiative et tenta d'intercaler dans son cours de zoologie une série de leçons sur l'histologie. Déjà de nombreux étudiants en médecine se donnaient rendez-vous à ce cours, auquel des recherches nouvelles donnaient un grand relief, quand le professeur fut averti qu'il dépassait les latitudes de son programme et qu'il eût à s'y renfermer.

Ce savant dut courber la tête devant cet avertissement administratif; le professeur dut se rappeler qu'avant d'être l'homme de la science, il était un fonctionnaire; il dut se résigner à faire de l'histologie dans son cabinet, pour lui, pour son instruction particulière, mais à la bannir avec soin de sa chaire et de ses leçons publiques. Il reprit le harnais et se remit à sa besogne de chaque année, repassant avec son auditoire les grandes divisions de la zoologie[1].

On peut constater dans les tableaux statistiques très-bien dressés, qui ont été publiés sous l'administration laborieuse de M. Duruy, que l'uniformité tient sous un com-

1. Plus tard cependant M. Louboultel put rendre à l'histologie la place qui lui avait été contestée, et fit entrer dans son cours de zoologie des leçons d'histologie toujours suivies avec intérêt par les étudiants. — (Note ajoutée en 1876.)

mun niveau l'organisation et les programmes des Facultés des lettres et des Facultés des sciences. Mais qu'est cette uniformité dans laquelle se complaisent toutes les administrations centralisées? Le chiffre du personnel enseignant et les programmes de ces Facultés, en France, mis en regard des tableaux de même nature qui nous renseignent sur les Facultés allemandes fournira une réponse nette et précise à cette question.

Je ne comparerai pas Besançon, Dijon, Bordeaux, Toulouse ou Lyon avec Gœttingen, Heidelberg ou Iéna. La comparaison serait écrasante pour notre amour-propre national; mais il me sera bien permis de prendre l'antique cité universitaire de Strasbourg et de comparer le programme de ses Facultés des lettres et des sciences avec celui d'une des plus modestes Universités d'outre-Rhin. Je prendrai pour exemple celle de Marbourg, située dans une petite localité et si faible que déjà, à différentes reprises, il a été question de la supprimer. Le programme de Strasbourg est emprunté à la statistique officielle de M. Duruy, publiée en 1868, et comprend l'enseignement de toute l'année scolaire; le programme de Marbourg ne comprend que les matières enseignées pendant le semestre d'hiver 1869-1870.

Voici, côte à côte, ces deux programmes :

LETTRES

PHILOSOPHIE

STRASBOURG.	MARBOURG.
1 professeur. — Des fondements de la morale.	3 professeurs : 1 ordinaire, 1 extraordinaire, 1 *Privatdocent*. Professeur ordinaire : WEISSENBORN, 4 ou 5 leçons par semaine. — Histoire de la philosophie moderne. — Philosophie religieuse. — Discussions philosophiques et pédagogiques. GLASER, professeur extraordinaire. — Encyclopédie de l'économie politique. — Théorie de la statistique. JUSTI, *Privatdocent*. — Spinoza et histoire de la philosophie religieuse.

HISTOIRE

STRASBOURG.	MARBOURG.
1 professeur. — Histoire de France de Charles VII à Louis XV. — La France sous Louis XVI.	5 professeurs ordinaires, extraordinaire et *Privatdocent*, donnant chacun de 3 à 5 leçons par semaine. HERRMANN. — Histoire du quinzième et du seizième siècle. PAULI. — Histoire de la Révolution française et des guerres de la délivrance. — Exercices historiques. DIETZEL. — Économie politique. — Finances. — Histoire de la politique commerciale et de l'Union douanière. LANGE. — Tacite. — Histoire des Germains. — Histoire générale de l'art. — Archéologie chrétienne. NISSEN. — Histoire romaine jusqu'à Sylla. — Exercices et études historiques.

LITTÉRATURE

Littérature ancienne.

1 professeur. — Du génie grec et du génie latin considérés dans l'histoire des origines des deux littératures. — Homère, Hésiode, Pindare, Ennius, Caton, Plaute, Lucilius.

Littérature française.

1 professeur. — De l'éloquence française au dix-huitième siècle.

Littérature étrangère.

1 professeur.— La critique littéraire appliquée à l'appréciation des principaux chefs-d'œuvre de la littérature provençale, italienne, portugaise, espagnole.

3 professeurs, donnant chacun 3 à 5 leçons par semaine.

CÆSAR. — Eschyle. — Histoire littéraire de la Grèce.

SCHMIDT. — Grammaire grecque.— Morale populaire des Grecs. — Plaute. — Exercices philologiques.

JUSTI.— Sanscrit.— Langues orientales. — Langues anciennes du Nord. — Antiquités orientales.

La philosophie, l'histoire et la littérature sont très-faiblement représentées à Marbourg. Cet enseignement compte néanmoins un personnel de *onze* professeurs, et chacun d'eux fait au moins trois leçons par semaine, ainsi trente-trois leçons par semaine, tandis qu'à Strasbourg, cinq professeurs, à raison de deux leçons chacun, ne font ensemble que dix leçons par semaine.

L'enseignement scientifique présente la même disproportion. Je transcris les deux programmes.

SCIENCES

MATHEMATIQUES

STRASBOURG.

1 professeur.—2 leçons par semaine.

Calcul différentiel.

1er semestre. — Méthode des infiniment petits. — Préliminaires du calcul intégral.

2e semestre. — Calcul intégral. — Application à la géométrie et à la mécanique.

Astronomie.

Soleil, lune. — Calcul des éclipses. — Mouvements des planètes. — Horloges. — Chronomètres. — Lunettes astrononiques. — Calcul d'une méridienne. — Exposé des opérations faites pour la détermination directe de la longitude de Strasbourg.

Mathématiques appliquées.

1 professeur. — Mécanique rationnelle. — Composition et décomposition des mouvements. — Pendule composé. — Pendule balistique. — Fluides. — Mécanique appliquée. — Travail des forces. — Équilibre des voûtes, ponts, acqueducs. — Machines, machines à vapeur, locomobiles, etc.

MARBOURG.

5 professeurs, donnant chacun 3 à 5 leçons par semaine.

Seeomann. — Mécanique théorique avec exercices des élèves. — Des projections géométriques.

Melde. — Calcul astronomique.

Drach. — Analyse transcendante. — Géométrie synthétique.

Hess. — Géométrie analytique de l'espace avec exercices.

Feussner. — Calcul intégral.

CHIMIE

1 professeur. — 1er semestre. Lois générales de la chimie. — Nomenclature. — Notions. — Fin du cours de l'année précédente.

5 professeurs, chacun de 3 à 5 heures par semaine.

Zwenger. — Chimie organique. — Exercices dans le laboratoire.

— Chlore. — Brome. — Iode. Fluor. — Application au blanchiment, à la photographie, à la gravure sur verre, etc. — Phosphore. — Arsenic.

2e semestre. — Généralités sur les substances organiques.—Étude de diverses substances. — Application à diverses industries. —Conservation du bois. — Fabrication de bougies, savons, etc.

Zoologie et physiologie animale.

1 professeur. — 1er semestre. — Résumé du cours de l'année précédente. — Histologie générale et spéciale.

2e semestre. — Zoologie. — Reptiles. — Poissons. — Insectes. —Mollusques. — Zoophytes.

Géologie et minéralogie.

1 professeur. — 1er semestre. — Notions générales de géographie physique. — Géologie. — Phénomènes géologiques de l'époque actuelle. — Sources. — Puits artésiens. — Phénomènes volcaniques.

2e semestre. — Paléontologie. — Généralités. — Règne animal. — Règne végétal.

Sciences appliquées (établi en 1855).

Métaux : leur extraction, leur application.

Carius. — Chimie expérimentale. — Chimie physiologique. — Exercices pratiques.

Melde. — Physique expérimentale. — Dioptrique. — Théorie de l'œil. — Exercices pratiques.

Kæmmerer. — Chimie théorique. — Analyse chimique, quantitative et qualitative.

Feussner. — Physique théorique.

5 professeurs, de 3 à 5 heures par semaine.

Hessel. — Minéralogie technique des polyèdres réguliers. — Exercices minéralogiques.

Dunker. — Minéralogie. — Exercices pratiques dans la collection de l'Université.

Wigand. — Géographie et paléontologie du règne végétal. — Cryptogames. — Cours pratique de microscopie botanique. — Exercices pratiques de botanique.

Claus. — Zoologie. — Anatomie comparée. — Physiologie générale. — Physiologie de la génération.

De Kœnen. — Éléments de minéralogie et de géognosie appliqués aux arts et à l'agriculture. — Paléontologie. — Exercices de détermination des minéraux et des fossiles.

On voit que l'enseignement de la Faculté des sciences de Marbourg compte cinq fois plus de professeurs que celui de Strasbourg, et qui, de plus, font chacun deux fois plus de leçons et donnent un enseignement pratique d'exercices et de recherches faisant presque absolument défaut dans nos institutions.

J'ai choisi pour termes de comparaison le semestre d'hiver de l'une des plus faibles Universités d'Allemagne, pour démontrer par des faits positifs, non la supériorité intellectuelle de l'enseignement germanique, mais simplement le degré d'activité et la prépondérance numérique du personnel.

Comme complément, j'extrais du rapport de M. Jaccoud le passage suivant :

« A Prague, les Facultés des lettres et des sciences ou « la Faculté de philosophie comprennent 285 heures par « semaine; à Gœttingen, ce nombre s'élève à 402, et dans « ces deux Universités cependant, l'économie politique ne « fait point partie du programme. Ces chiffres, demande « M. Jaccoud, ont-ils besoin de commentaire?

Oui! répondrons-nous; ces chiffres ont besoin de commentaire. il importe de les compléter et de se rendre compte de leur raison d'être.

Ce n'est assurément pas au personnel enseignant de nos établissements universitaires qu'il faut attribuer cette infériorité attristante. Nos professeurs de Facultés sont généralement des hommes dévoués à leur tâche, des savants distingués, parfois de premier ordre, et plus d'un végète inconnu dans une Faculté de province, qui ferait la gloire et la fortune de l'une ou de l'autre des Universités allemandes, si elles avaient le bonheur de le posséder.

C'est dans la centralisation administrative, c'est dans ces innombrables rouages dont se compose ce lourd et fatigant mécanisme, c'est dans les obstacles de toute espèce qu'elle oppose à toute vie, à toute spontanéité scientifique et intellectuelle, qu'il faut chercher et qu'on trouvera les causes de cet étiolement, de cette inertie du haut enseignement en France.

La centralisation a tout absorbé, tout pétri dans son moule uniforme, tout réglementé, bureaucratisé de telle façon, qu'il n'y a de développement possible du haut enseignement qu'en elle, avec et par elle, que rien n'est viable qui ne procède pas d'elle, et que toutes les tentatives faites en dehors d'elle n'ont guère abouti jusqu'à présent qu'à des efforts stériles, à des avortements.

Voyez, par exemple, les Facultés des lettres et des sciences! Les règlements universitaires ne privent-ils pas de fait, presque absolument, d'étudiants officiels toutes les branches de l'enseignement attribué à ces Facultés? Leur laissent-ils d'autres étudiants inscrits, que les candidats à la licence et au doctorat? Le chiffre de ces inscriptions, que je relève dans la statistique officielle, est de 74 pour les 15 Facultés des lettres de la province; cela fait un élève, un seul élève par professeur de Faculté. Il y a 86 candidats à la licence pour les 15 Facultés des sciences. Pas même 4 étudiants officiels par Faculté!

La seule Faculté de philosophie de Heidelberg a plus d'inscriptions pour l'année 1869-1870 que n'en possèdent ensemble toutes nos Facultés des lettres et des sciences disséminées dans les départements. Le chiffre de Heidelberg seul est de 175 inscrits; il n'est que de 136 inscriptions pour la licence, dans la France entière, et ce chiffre de Heidelberg est encore supérieur à celui de Paris même!

Ce serait certainement une erreur de croire que la sphère d'action des Facultés des lettres et des sciences soit limitée à ce petit nombre d'étudiants. Dans tous les centres de population, grands et petits, à Lyon, à Bordeaux, à Strasbourg aussi bien qu'à Besançon, à Nancy etc., certains cours attirent plus ou moins d'auditeurs *bénévoles*. Les cours de littérature française et étrangère, de philosophie et d'histoire sont loin d'être délaissés. Des rentiers, des hommes de loisir, des dames même, suivent avec intérêt les leçons faites par des hommes d'un mérite reconnu, par des professeurs éloquents.

Ces cours entretiennent dans le public le goût de la littérature et de la culture intellectuelle; mais par cela même que l'auditoire bénévole est composé en grande majorité de gens du monde, et que l'étudiant proprement dit fait défaut, l'enseignement doit s'adapter au goût de ses auditeurs. Les leçons sont donc très-bien préparées, ce sont des expositions, des aperçus bien faits qui intéressent le public, qui l'instruisent en l'amusant; mais le professeur, sous peine de mettre en fuite ces auditeurs bénévoles, se gardera bien de les faire pénétrer avec lui dans les profondeurs des études et des recherches où s'élabore la science, où s'acquiert l'érudition dont il est un brillant représentant; il ne donnera pas même au candidat à la licence ce qu'il faut pour passer son examen, et c'est ailleurs, dans des études solitaires et sans direction ou dans une conférence spécialement instituée depuis, à cet effet, que l'étudiant inscrit devra puiser la science et l'érudition nécessaires à ses épreuves.

A Paris, aussi bien qu'en province, les cours s'adressent en général à un public mobile, qui n'est pas composé en majorité d'étudiants.

Des hommes de grand mérite, versés dans les questions d'instruction supérieure, ont signalé la déviation des cours du haut enseignement; ces cours sont plutôt appropriés à un public d'amateurs; ils ne tiennent que peu de compte de l'étudiant sérieux.

Un décret du 10 avril 1853 a assuré à un certain nombre de Facultés des lettres un auditoire non bénévole; il rend obligatoire, pour les étudiants en droit, l'inscription à deux cours de la Faculté des lettres. Douze Facultés sur quinze jouissent de ce bénéfice.

Si ce décret a une raison d'être sérieuse, celle-ci ne saurait être dans la nécessité de garnir d'auditeurs obligés les bancs vides des Facultés des lettres. Il faut la chercher dans la faiblesse des études littéraires, philosophiques et historiques, que révèlent les examens pour le diplôme de bacheliers ès lettres, ou du moins l'insuffisance de ces études pour de futurs avocats, magistrats ou jurisconsultes.

Cette insuffisance, je n'hésite pas à le dire, est patente, incontestable, parfaitement établie par les faits et d'irrécusables témoignages. Mais s'il en est ainsi, pourquoi les règlements universitaires n'érigent-ils pas la Faculté des lettres en une sorte d'École *préparatoire*, où le futur jurisconsulte viendra compléter son instruction littéraire et scientifique négligée, avant d'entamer ses études spéciales de jurisprudence? Est-il donc bien rationnel d'amalgamer les études spéciales du droit et les études générales? L'élève en droit, mieux préparé, plus mûri par l'instruction qu'il aurait puisée dans cette Faculté, serait certainement devenu un étudiant plus sérieux que les jeunes gens de 17 à 18 ans qui encombrent les bancs des Écoles spéciales en sortant des Lycées. Ce même étudiant qui, par une année de fortes études littéraires, historiques et philosophiques, en aura compris la valeur, sera plus tard, comme élève en droit, un auditeur bénévole plus assidu et plus sérieux de la Faculté des lettres voisine.

Les Facultés des lettres actuelles sont des moulins qui

n'ont pas de bon grain à moudre, parce que le baccalauréat qu'ils atteignent au sortir du Lycée, fait illusion aux étudiants et à leurs parents sur la valeur des études littéraires, philosophiques et historiques. Comme si le diplôme pouvait infuser les connaissances qui manquent ou en tenir lieu!

Si ces idées fausses ont généralement cours dans le public, à qui faut-il s'en prendre, sinon à la réglementation universitaire? C'est elle qui, la première, a établi la confusion de l'instruction secondaire et des hautes études, en obligeant les professeurs des Facultés des lettres à gratifier d'un titre et d'un diplôme académiques les élèves à leur sortie des Lycées.

Il est une autre catégorie d'étudiants très-sérieux que l'organisation actuelle des Facultés des lettres laisse tout à fait en dehors de leur sphère d'action, et qui cependant, avec les aspirants aux études juridiques, constitueraient un auditoire de vrais étudiants. Ce sont les jeunes gens que leur vocation dirige vers les hautes études, et qui par cela même se destinent à l'enseignement des lettres et des sciences, qui aspirent au professorat des Lycées, des Colléges communaux, des Gymnases et des Facultés.

Depuis soixante ans qu'elle fonctionne, l'administration universitaire n'a pas su comprendre qu'une des principales attributions des Facultés devrait consister précisément à maintenir, dans leur sein, la tradition des hautes études philosophiques, littéraires, philologiques et scientifiques, et à former elles-mêmes, par un enseignement fécond, le personnel futur du corps enseignant.

Voici comment cette singulière anomalie s'est produite :

La tourmente révolutionnaire, qui avait tout emporté des anciennes institutions, avait détruit aussi, avec les

Universités et les Académies, les pépinières multiples du corps enseignant.

Il fallait reconstruire en toute hâte sur les ruines des institutions tombées ; il fallait donc improviser, pour ainsi dire, dans ces défavorables conditions, un personnel enseignant pour les Écoles qu'il s'agissait de fonder. C'est ainsi que l'École normale fut créée à Paris par l'Assemblée nationale.

Imposée par une nécessité temporaire, cette création aurait dû, sinon disparaître après la réorganisation des Facultés, du moins partager avec elles la mission de former de futurs savants, des philologues, des historiens, des philosophes, des naturalistes, des physiciens, des chimistes capables d'enseigner à leur tour la science traditionnelle et de la faire progresser.

Et il en eût été ainsi, avec une grande facilité, si le système centralisateur d'administration de l'instruction publique avait permis à des foyers universitaires de s'allumer sur la surface entière de la France. L'administration centralisée trouva plus commode et plus simple de tenir dans sa main et de réglementer à sa guise, dans une École qu'on eût pu appeler à juste titre une caserne, le personnel destiné au professorat de tous les Lycées et de toutes les Facultés de France ; seulement elle n'a jamais eu souci de répondre à ces simples questions : Mais à qui voulez-vous donc que ces Facultés enseignent la philologie, l'histoire, la philosophie et les sciences, si ce n'est à de futurs savants ?

Que doivent devenir ces savants, si d'avance les portes de l'enseignement leur sont fermées et ne s'ouvrent qu'à ceux qui sortent de l'École normale ? Ce seront donc des savants amateurs et assez riches pour faire toujours de la science par plaisir d'en faire, que vous laisserez, comme étudiants sérieux, à vos nombreuses Facultés?

Dans les Facultés des sciences, les mêmes causes produisent les mêmes effets. Là aussi, la réglementation administrative, après avoir créé un très-grand nombre d'institutions destinées au haut enseignement scientifique, ne leur a point laissé d'élèves.

Les Lycées donnent un enseignement scientifique à peu près au même degré d'élévation secondaire que l'instruction littéraire. Quant aux sciences physico-chimiques et naturelles, on peut même dire que l'enseignement des Lycées est tout à fait élémentaire, tel qu'il doit être, au surplus, pour orner l'intelligence des élèves de certaines notions scientifiques, aujourd'hui indispensables à tout homme du monde.

Que le résultat de cet enseignement *secondaire* soit constaté par un examen de sortie du Lycée, rien de plus légitime, rien de plus rationnel. Je comprends encore très-bien que l'on délivre, après cet examen, un certificat d'études ou un diplôme quelconque; mais que l'on intitule ce diplôme du nom pompeux de *baccalauréat ès sciences*, et qu'à ce titre on attache le droit de prendre inscription dans les Facultés de médecine ou dans d'autres Écoles spéciales, comme si les études scientifiques générales, préparatoires aux études techniques, étaient dûment accomplies et terminées, c'est là ce qui devient absolument incompréhensible.

Ce fait entraîne des conséquences si extraordinaires pour toutes les institutions d'instruction spéciale et technique, qu'il n'a pu se continuer, pendant de longues années, que par suite du manque absolu d'autonomie des Facultés et des Écoles spéciales.

Non-seulement, en effet, les Facultés des sciences se voient enlever ainsi des étudiants qui devraient leur appartenir naturellement, mais le passage direct des élèves du Lycée dans les Écoles spéciales, et plus particulièrement dans les Facultés de médecine, ne gratifie pas l'étudiant en médecine, avec le titre de bachelier ès sciences, des connaissances scientifiques générales et préparatoires absolument indispensables à des études spéciales, fortes et élevées.

Il en résulte que pour éviter une année sérieuse d'études théoriques et pratiques dans une Faculté des sciences instituée *ad hoc*, mais fonctionnant à vide, nous voyons une Faculté des sciences parasitaire introduite dans les Facultés de médecine aussi bien que dans les autres Écoles spéciales et techniques Les cours de chimie, de physique, de botanique, dans les Facultés de médecine et les Écoles de pharmacie, ne sont en effet que des cours de science *générale* destinés à apprendre à des bacheliers ce qu'ils n'ont pas appris. Ce sont des cours de science pure, en tout semblables à ceux qui se font dans la Faculté des sciences.

Certes, les sciences physico-chimiques sont indispensables à l'étude de la physiologie, de la pathologie, de la thérapeutique, de la médecine légale et de la pharmacie ; les sciences générales trouvent de nombreuses et importantes applications à toutes les branches de la médecine et de la pharmacie ; que ces applications soient enseignées dans des cours spéciaux des Facultés de médecine et des Écoles de pharmacie, rien de plus utile ; mais comment enseigner des applications physico-chimiques à des élèves qui n'ont que des notions élémentaires vagues et tout à fait insuffisantes de physique et de chimie? Cela devient impossible, et bon gré mal gré les Facultés de médecine et les Écoles de pharmacie se chargent de donner elles-mêmes à leurs élèves de première année une instruction scientifique générale qui leur fait défaut; elles recommencent à nouveaux frais, avec un nouveau personnel, un nouveau matériel et pendant la scolarité des études spéciales, ce qui aurait dû être terminé une année plus tôt à la Faculté des sciences.

Ce n'est pas tout; l'enseignement de la science pure, dans les Facultés et dans les Écoles spéciales et techniques, a le grave inconvénient d'enlever une année sur quatre aux études spéciales biologiques et médicales proprement dites; la conséquence est facile à prévoir : la scolarité de quatre ans, déjà trop restreinte, devient complétement insuffisante. L'étudiant a tant de choses à apprendre, que les fortes études deviennent impossibles et que tout se réduit finalement, pour la grande majorité des élèves, à une misérable préparation aux examens de fin d'année et aux examens de fin d'études.

Le couronnement de cet édifice réglementaire, nous le trouvons enfin dans l'examen de chimie et de physique, intercalé, à titre de troisième examen, au beau milieu des examens pour le doctorat en médecine, à un moment où l'étudiant devrait appartenir tout entier aux études techniques et cliniques. La préparation de cet examen de bachelier ès sciences absorbe le meilleur du temps de l'étudiant de quatrième ou de cinquième année. Pour les élèves en médecine militaire, dont la scolarité est rigoureusement limitée à quatre ans, la première année, tout entière, n'est qu'une préparation à l'examen de physique et de chimie, doublure de l'examen de bachelier ès sciences. Ainsi la scolarité effective des étudiants en médecine militaire est réduite à trois ans, temps absolument insuffisant pour une scolarité médicale sérieuse.

En entrant un peu avant dans les détails de la réglementation administrative des hautes études, il est facile de se rendre compte des chiffres de la statistique comparée que nous avons cités plus haut; on voit et on comprend pourquoi les Facultés des lettres et celles des sciences sont peu fécondes pour les hautes études et les progrès de la science; pourquoi elles n'ont pas, et pourquoi, dans les conditions actuelles, elles ne peuvent pas avoir plus d'élèves; pourquoi leur enseignement s'adresse, en partie, à un public d'amateurs oisifs; pourquoi nous ne trouvons nulle part dans les Facultés des lettres ces instituts ou ces séminaires philologiques et littéraires, où les étudiants apprennent sérieusement, sous la direction des professeurs, comment s'acquiert l'érudition et comment l'on arrive à la connaissance des méthodes scientifiques; pourquoi nos laboratoires de chimie et de physique sont déserts et sans autres travailleurs que le professeur et ses préparateurs; pourquoi les instituts pratiques, qui initient aux procédés et aux méthodes d'investigation scientifique, sont à peu près inconnus dans nos Facultés ou ne sont que dans un état embryonnaire, frappés d'arrêt de développement.

Dans les institutions du haut enseignement spécial et technique, les effets fâcheux du système ont été moins sensibles et sont moins frappants. Ils existent cependant dans les Écoles de droit aussi bien que dans les Écoles spéciales de médecine et de pharmacie.

Des Facultés de droit.

En apparence le haut enseignement du droit, avec ses douze Facultés, qui comptent en moyenne chacune plus de 150 étudiants, est dans un état florissant. Les études juridiques, nécessaires à la carrière du barreau, de la magistrature, de l'administration, s'accomplissent, au sein des Facultés de droit, avec une régularité et une discipline qui ne laissent rien à désirer. Les titres universitaires de la licence et surtout du doctorat ne sont conférés qu'après des épreuves qui donnent des garanties sérieuses d'aptitude et de science.

Si l'unique mission des Facultés de droit était de former des jurisconsultes munis d'une instruction suffisante pour entrer dignement dans les carrières pratiques, l'organisation, l'enseignement et le programme uniforme de ces Facultés ne laisseraient rien à désirer; mais si l'on a plus d'exigences, si l'on demande en plus, aux Facultés, un concours actif et fécond pour le développement de la science, on peut ne pas éprouver une égale satisfaction. Le corps enseignant est très-peu nombreux, le programme de l'enseignement fort restreint, tout est réduit au plus strict nécessaire. Sous ce rapport, comme sous bien d'autres, nos Facultés de droit sont aussi inférieures à celles d'Allemagne que nos Facultés des lettres et des sciences. En effet, nos Facultés de droit de province comptent au maximum *dix* professeurs titulaires (Toulouse); quelques-unes n'en ont que *quatre* ou *cinq*. Douai n'avait, en 1868, qu'*un* professeur titulaire et *six* agrégés chargés de cours. Lorsque le chiffre des professeurs titulaires est de *cinq* à *huit*, celui des agr gés n'est que de *deux* ou *trois*. En moyenne, *huit* à *douze* professeurs titulaires.

Le programme de l'enseignement, à peu près uniforme, comprend :

Le Code Napoléon, trois chaires ;

Droit romain, trois chaires ;

Procédure civile et criminelle, une chaire;

Droit commercial, une chaire;

Droit administratif, une chaire.

A l'Université de Leipzig, le corps enseignant de la Faculté de droit comprend *dix-huit* professeurs ordinaires ou extraordinaires; la Faculté de Gœttingen en compte *seize*.

Je transcris, comme terme de comparaison, le programme du semestre d'hiver 1869-1870 de l'Université de Leipzig.

Professeurs ordinaires.

De Gerber. — Histoire du droit administratif. — Droit canon.
De Wæchter. — Pandectes.
Hænel. — Droit d'hérédité.
Osterloh. — Procédure civile avec exercices pratiques.
Müller. — Droit privé et civil, avec exercices.
Heinze. — Philosophie du droit naturel, du droit des gens et du droit public.
Schmidt. — Instituts et histoire du droit romain.
Friedberg. — Droit privé allemand. — Droit public allemand.
Schletter. — Procédure criminelle. — Droit administratif allemand.— Droit financier. — Exercices pratiques.

Professeurs extraordinaires.

Schilling. — Droit ecclésiastique. — Exercices de droit romain.
Weiske. — Droit et jurisprudence des mines.
Hœck. — Droit civil. — Droit commercial.
Kuntze. — Instituts et histoire du droit romain.
Gœtz. — Droit commercial. — Pandectes.
Voigt. — Instituts et histoire du droit romain. — Histoire de la procédure civile. — Encyclopédie du droit.

NISSEN. — Histoire des instituts du droit romain. — Procédure criminelle.
SPRANGER. — Droit public allemand. — Encyclopédie du droit.
LUEDER. — Droit criminel. — Procédure criminelle. — Exercices pratiques.

La même étendue, la même variété des matières d'enseignement et d'études juridiques se retrouvent dans les programmes des autres Universités. Il y a certainement, dans ces centres de haut enseignement, une activité qui laisse loin derrière elle le mouvement de nos Écoles de droit, réglementées par une administration qui entrave, plus qu'elle ne stimule.

Je ne puis entrer ici dans les détails des nombreux remaniements qu'a subis la réglementation à laquelle le corps enseignant des Facultés de droit a été soumis. Je ne dirai rien du mode actuel de nomination des professeurs titulaires, de leur traitement insuffisant, du manque absolu de stimulant et de concurrence, de l'impossibilité où se trouvent les Écoles de travailler à leur propre évolution.

Je reviendrai sur ces faits d'une manière générale, car ils sont les mêmes dans toutes les Facultés; mais je ne puis passer sous silence une mesure qui enlève aux Facultés de droit de province un élément important de vie scientifique. C'est la centralisation des concours de l'agrégation à Paris et la transformation des agrégés, nommés à ce concours, en fonctionnaires disponibles, que l'administration peut envoyer à volonté, comme suppléants ou chargés de cours, dans l'une ou l'autre des Facultés de province.

Si, de propos délibéré, on avait voulu détruire ce qui reste de vitalité scientifique dans les Facultés, on n'aurait rien pu imaginer de plus efficace. Après quelques années de ce régime, les Facultés de province seront réduites au rang d'écoles secondaires, destinées à former des hommes de métier; ceux qui se sentiront quelque vocation scientifique sérieuse se garderont bien de rester et d'étudier dans leur province, ils se rendront au siége des concours.

Est-ce là le but que l'on s'est proposé d'atteindre? Évidemment non, car nous pouvons être certains que tous les ministres ont à cœur d'encourager le développement des hautes études dans les provinces. Seulement ils s'y prennent mal.

Si pareille mesure devait se généraliser et s'appliquer un jour aux Facultés de médecine[1], la vie scientifique, assez active, qui les anime encore, s'éteindrait à son tour; la centralisation administrative de l'instruction publique aura couronné l'édifice par la centralisation absolue de la science; *on sera libre d'étudier partout, mais on aura le plus grand intérêt à ne devenir savant qu'à Paris.*

Si, dans les Facultés de droit, la vie scientifique n'est pas aussi active qu'elle pourrait l'être, le corps enseignant qui les compose représente du moins dignement la science juridique dans ses éléments les plus essentiels; l'uniformité même de l'organisation des Facultés, quoique parcimonieuse, donne à leur enseignement un même degré d'élévation. Il n'en est pas de même des institutions destinées à l'enseignement de la médecine.

Des Facultés et des Écoles préparatoires de médecine.

L'administration universitaire a réalisé, en France, pour l'instruction médicale, un système d'Écoles qui ne se retrouve dans aucun autre pays civilisé. Ce système comprend en effet deux ordres d'institutions, à savoir : trois

1. C'est un fait accompli depuis. Note de 1876.

Facultés de médecine, Paris, Montpellier et Strasbourg[1], et vingt-deux Écoles secondaires ou préparatoires de médecine, disséminées dans différentes villes des départements.

Ce système d'Écoles, à deux degrés, pour l'instruction professionnelle et pour l'enseignement des sciences biologiques et médicales n'est pas une conception administrative préméditée. Une telle conception serait par trop étrange. Ce système est né, il a grandi, il s'est perfectionné, consolidé à la longue et lentement.

Après la Révolution et dans les premières années de ce siècle, ce système s'est produit tout d'abord par la force des choses; il a été maintenu par l'incurie administrative, et finalement il a été accepté et consacré pendant le règne de Louis-Philippe, sous l'influence de certaines autres influences qui tendaient à centraliser à Paris la collation de tous les grades universitaires.

Nous avons déjà indiqué les motifs d'urgence sous la pression desquels s'est opérée, pendant la période révolutionnaire, la création de trois Écoles nationales de médecine à Paris, Montpellier et Strasbourg, et la transformation postérieure de ces Écoles en Facultés de médecine.

Avant cette époque, il existait dans un grand nombre de localités des Écoles ou des Colléges de médecine, qui donnaient, tant bien que mal, l'instruction scientifique et professionnelle. Plusieurs de ces Écoles étaient situées dans des villes importantes, et possédaient des moyens assez considérables d'instruction professionnelle : des hôpitaux, des amphithéâtres d'anatomie et des maîtres capables d'enseigner.

La suppression légale de toutes les anciennes corporations et la destruction de toutes les institutions universi-

1. Aujourd'hui (1876) la Faculté de médecine est transférée à Nancy.

taires n'avaient pas atteint de fait l'enseignement médical. Les anciens professeurs de Paris, de Montpellier et des autres Facultés avaient continué un enseignement scientifique et professionnel libre.

Le même fait s'était produit, par la force même des choses, dans un grand nombre d'autres villes ; il en est résulté que lors de la création des trois Écoles d'État, bientôt transformées en Facultés, l'enseignement professionnel subsistait encore dans d'autres localités. On ne pouvait pas supprimer un enseignement qui, en définitive, était indispensable à la formation d'un personnel médical en rapport avec les besoins de l'armée et des populations; car il était évident que trois Écoles de médecine étaient insuffisantes pour donner l'instruction médicale à tous les médecins de France ; on réserva donc aux Facultés le monopole du haut enseignement médical et la collation des grades pour le doctorat, et l'on attribua à des Écoles secondaires la mission de former des médecins de second degré, des officiers de santé. Le monopole dont étaient investies les Facultés et l'abandon dans lequel on laissa toutes les autres institutions entravèrent le développement de ces dernières sans les anéantir.

Elles vécurent ou plutôt végétèrent ainsi sous le nom d'*Écoles secondaires* jusqu'en 1841.

C'est alors que l'administration universitaire, acceptant une situation faite, la consacra par la transformation des Écoles secondaires en Écoles préparatoires, et dota la France du système actuel.

Aux Facultés on réserva le titre et les attributions d'institutions de haut enseignement ; les Écoles préparatoires furent réorganisées dans un double but. Comme par le passé, elles eurent pour mission de donner l'instruction scientifique et professionnelle, complète, à des médecins de second ordre, maintenus sous le nom d'*officiers de santé*, à des pharmaciens de deuxième classe, à des sages-femmes, à des herboristes; mais en même temps l'ordonnance de réorganisation (art. 14) décida que les huit premières inscriptions à l'École secondaire vaudraient huit inscriptions de Faculté.

Plus tard, on permit aux élèves aspirant au doctorat de prendre quatorze inscriptions dans les Écoles préparatoires; les huit premières égales à autant d'inscriptions de Facultés, et les six dernières à quatre seulement. Quant aux pharmaciens de première classe, dix inscriptions dans une École préparatoire sont jugées équivalentes à huit dans une École supérieure de pharmacie.

Il était ainsi admis en principe que le haut enseignement des sciences fondamentales de la médecine et les trois premières années d'étude devaient être considérées comme s'équivalant dans les deux ordres d'établissements. On crut donner, par cette mesure, plus d'importance aux Écoles dites *préparatoires*, tout en les maintenant, du reste, dans une singulière situation d'infériorité.

Certes ce n'est pas la réglementation qui leur fit défaut. Un règlement, comprenant tous les détails d'administration du régime intérieur et des études, fut rendu le 12 mars 1841. Tous les détails de l'enseignement, l'époque d'ouverture et de clôture de chaque cours, le nombre et la durée des leçons, le mode à suivre pour l'enseignement des cliniques, furent déterminés d'une manière uniforme; le programme des cours, le nombre des professeurs et des adjoints, des prosecteurs et des employés, tout fut administrativement ordonné après mûre délibération. En 1859, un nouveau règlement du 7 avril combla les lacunes de celui du 12 mars 1841. Les cours furent répartis entre les trois années d'études, et le programme des épreuves de fin d'année fut remanié comme il suit :

Première année. Chimie, histoire naturelle, ostéologie, les articulations, la myologie, les éléments de la physiologie.

Deuxième année. L'anatomie, la physiologie, la pathologie externe et interne, la matière médicale.

Troisième année. La pathologie externe et interne, la médecine opératoire, les accouchements, la thérapeutique.

Ce programme est confié à huit professeurs titulaires et à trois professeurs adjoints.

Pour cet enseignement, équivalant, en principe, à l'enseignement supérieur des Facultés de l'État, les professeurs titulaires sont gratifiés de 1500 fr. d'appointements, et les adjoints touchent 1000 fr., un peu moins que les employés de la régie de dernière classe, qui comptent les feuilles de tabac.

La dépense totale s'élève à la somme de 17,000 fr., ce qui n'est certes pas coûteux pour des établissements de haut enseignement des sciences biologiques et d'instruction professionnelle de second degré ; cette somme est du reste, dans certains cas, à la charge des villes où siégent des Écoles.

De plus, les mêmes villes fournissent les locaux, l'argent nécessaire aux collections, aux bibliothèques et aux frais des cours. Les administrations hospitalières fournissent les malades et les cadavres.

Quant à l'État, représenté par le ministre de l'instruction publique, il a donné ses règlements, sa protection et ses inspections, et s'est réservé, par contre, la nomination des professeurs et des adjoints, dont il exige, sans aucun doute, des garanties de capacité scientifique et pratique suffisantes, le tout pour 1500 fr.; une charge qui ne pèse pas lourd sur le budget de l'État.

La situation faite aux Écoles préparatoires est malaisée à caractériser. Il en est parmi elles, qui, situées dans des milieux très-favorables, pourraient facilement devenir des institutions au moins égales aux deux Facultés de province. Il en est, sans vitalité et sans avenir, qui ne vivent que d'une vie artificielle. A toutes, l'absolutisme de l'administration imprime un cachet d'infériorité légale et positive, tout en les décorant, par ses propres règlements, du titre d'institutions de haut enseignement scientifique.

Quant aux Facultés de médecine, leur personnel, plus nombreux, offre généralement des garanties plus sérieuses de capacité; leur matériel est plus en rapport avec les exigences d'un enseignement scientifique supérieur; mais ces Facultés elles-mêmes sont amoindries par l'abaissement des Écoles de second degré; elles souffrent encore du manque absolu d'initiative et d'autonomie, qui entrave leur propre développement : leur situation est inférieure à celle des Écoles allemandes. Ce fait est incontestable, il ressort avec évidence du rapport de M. Jaccoud; il est du reste connu et bien reconnu; pas un de nos étudiants revenant d'une tournée dans les Universités d'outre-Rhin, qui ne signale, avec un sentiment d'amour-propre national froissé, l'infériorité relative de nos institutions.

Des Facultés de Théologie.

Les quelques Facultés de théologie catholiques, encadrées dans notre système universitaire sont, dans les rapports actuels de l'Université et de l'Église, complétement frappées d'arrêt de développement. Elles n'ont jamais pu obtenir du Pape l'institution canonique. L'Église leur a refusé le droit d'enseigner en son nom ; elle refuse de même, dans l'ordre ecclésiastique, toute valeur aux grades que ces Facultés peuvent conférer. L'enseignement théologique est concentré dans les grands Séminaires. C'est à titre d'auditeurs bénévoles que des prêtres, des séminaristes ou des hommes du monde fréquentent les cours des Facultés de théologie.

Deux Facultés de théologie protestantes sont comprises dans notre système d'instruction supérieure : l'une à Montauban, l'autre à Strasbourg.

La Faculté de Strasbourg n'est, si je puis dire, qu'une annexe du Séminaire, dont elle complète utilement l'enseignement.

Ce n'est pas seulement dans l'organisation arbitraire des institutions de haut enseignement, dans la dissémination des Facultés et des Écoles, dans leur disjonction contre nature, que se révèle la fâcheuse influence de la centralisation administrative et bureaucratique ; elle se manifeste d'une manière plus frappante encore quand on étudie de plus près le fonctionnement des Facultés en général dans l'intimité de leur vie.

De l'administration des Facultés.

Composé d'un nombre très-limité de professeurs ordinaires, nommés à vie jusqu'à leur limite d'âge par le ministre, sur la présentation des Écoles elles-mêmes ou des

Conseils académiques, le personnel des Facultés ne constitue qu'un agrégat de fonctionnaires. Chaque professeur a sa tâche réglementaire, tracée par le programme général de son cours. Ce cours fait avec l'ordre et la régularité voulus, il émarge les appointements qui lui sont assignés; il n'a pas à s'immiscer dans l'administration.

A la tête de la Faculté est placé le doyen, et à côté du doyen se trouve le bureau du secrétaire comptable, chargé de la tenue des registres d'inscription, de la perception des droits, de la notification des examens, de la comptabilité, etc. etc.

Le doyen donne les signatures nécessaires, il est chargé de faire observer les règlements, il a la haute discipline de l'École; mais, en fait de progrès, il n'a guère plus d'initiative que les professeurs.

Nommé directement par le ministre, il ne correspond avec lui que par l'intermédiaire du recteur. Il est vrai qu'il convoque plus ou moins souvent la Faculté en séance de délibération; mais ces délibérations n'ont guère de portée.

Le programme général des cours officiels est arrêté par le ministre; il ne s'agit que de fixer les heures. C'est à peu près chaque année, sauf quelques variantes insignifiantes, la répétition de l'année précédente.

Les délibérations portent en général sur de menus détails; ce sont des demandes d'étudiants qui sollicitent des conversions d'inscriptions d'auditeurs bénévoles; des étrangers qui demandent leur admission aux examens pour le doctorat, des concours d'externes, de prosecteurs, d'aides d'anatomie à fixer, etc., etc.

Dans ces réunions s'opère aussi la répartition des allocations ministérielles accordées aux différents services.

Comme le budget de la Faculté est généralement insuffisant, on émet des vœux, on signale des besoins, on formule des plaintes. Alors le doyen déplore son impuissance, il promet des démarches, et, dans une séance subséquente, il rend compte de l'inutilité de ses sollicitations.

Les plus jeunes professeurs sont ordinairement les plus ardents à signaler des améliorations, à rêver innovations et progrès; les vétérans de la Compagnie font par eux-mêmes ce qu'ils peuvent dans leur petite sphère; ils savent par expérience que si l'initiative ne vient pas d'en haut, celle d'en bas est vaine et stérile, qu'elle est généralement mal vue et peu appréciée. Finalement la lassitude et le découragement gagnent l'assemblée; le silence se fait sur les questions les plus vitales.

Quelques exemples entre mille feront mettre le doigt sur la plaie; je les prends, sur le vif, dans la Faculté de médecine à laquelle j'appartiens; tout membre d'une autre Faculté pourra puiser dans ses souvenirs des faits analogues.

Depuis des années, le professeur de physiologie sollicite un laboratoire et des moyens d'expérimentation; il n'a pas pu les obtenir alors qu'il était jeune et ardent aux recherches.

Aujourd'hui, de guerre las, il a renoncé aux expériences, et il fait avec une stricte régularité et une incontestable supériorité un cours réglementaire. C'est fort bien; le règlement est ponctuellement exécuté; mais le progrès de la science qui tient à cœur au professeur! Il attend et il attendra encore longtemps l'instrument indispensable, un Institut de physiologie expérimentale, qui ne manque pas dans la plus modeste Université de l'Allemagne

Par un règlement, expédié un beau jour des bureaux

du ministère, la bibliothèque de la Faculté de médecine, autrefois distincte, fut réunie, sous prétexte d'économie, à celle de l'Académie. Cette réunion avait peu d'inconvénients à l'époque où elle fut ordonnée, car la Faculté de médecine siégeait alors dans les mêmes bâtiments que les autres Facultés. Aujourd'hui elle occupe un nouveau local, éloigné d'un kilomètre de l'Académie; le règlement s'oppose à ce que son ancienne bibliothèque soit remise à sa portée, et depuis des années le doyen et la Faculté sollicitent en vain la révision d'un règlement désastreux.

Du reste, les quelques centaines de francs, alloués par le ministère, suffisent à peine pour solder l'abonnement à quelques publications périodiques, et notre bibliothèque, riche en livres anciens, n'a pas le moyen de se procurer les livres indispensables pour être du moins au courant de la littérature médicale moderne.

Pour l'acquisition d'un livre nécessaire à des recherches, il faut l'inscrire au bureau de la Faculté. Au bout d'un mois, cette liste passe des bureaux de la Faculté chez M. le recteur. Le recteur l'expédie à Paris, où la question est examinée. Si les bureaux du ministère, qui contrôlent les besoins et les demandes de la Faculté, veulent bien, dans leur profonde incompétence, reconnaître qu'il peut être convenable d'autoriser l'acquisition sollicitée, la permission de la faire est expédiée au recteur, et le recteur la transmet au doyen. Une pauvre affaire de ce genre, promenée ainsi de Strasbourg à Paris et de Paris à Strasbourg, par une filière de bureaux, de lettres et de rapports, demande bien trois mois pour arriver à un *oui* ou un *non*.

Notre Musée d'anatomie est en pleine décadence, parce que les règlements ne permettent pas à la Faculté de changer un directeur nommé par le ministre. Ce directeur bénévolo, et non rétribué, ne dirige plus rien, parce que sa carrière pratique le détourne des travaux de ce genre; mais il tient à son titre et s'y cramponne.

Le conservateur des collections, également nommé par le Ministre, ne conserve rien, parce que, pour conserver un Musée, il faudrait successivement en renouveler les pièces, et pour cela on a besoin de fonds; or des fonds, le conservateur n'en a point; il n'a pas non plus les aides qui seraient nécessaires aux préparations et aux travaux. Ce sont là des dépenses pour lesquelles l'administration n'a pas d'argent à la disposition de la Faculté.

A côté des besoins matériels les plus urgents qui attendent vainement satisfaction, apparaissent des intérêts majeurs, qui ne sont pas moins négligés et lésés.

Une source nouvelle d'études et de recherches jaillit-elle dans la science, elle trouve immédiatement dans l'enseignement extraordinaire et rétribué des Universités allemandes, non pas *un*, mais *deux*, *trois* professeurs ou *doctores legentes* qui s'en emparent pour en tirer parti au profit de la science et de l'enseignement. En France, il faut une création de chaire officielle en pareille occurrence. Or une création de chaire est une affaire d'État; on ne l'obtient qu'après de longues sollicitations; des années s'écoulent avant que les vœux et réclamations d'une Faculté soient pris en considération et exaucés. Ne vous étonnez donc pas que la science traditionnelle soit seule officiellement représentée; admirez plutôt le labeur supplémentaire que les professeurs titulaires s'imposent pour ne pas délaisser les branches nouvelles qui poussent sans culture sur l'arbre de la science.

Mais le corps des agrégés, dira-t-on, n'est-il donc pas là pour compléter l'enseignement?

D'abord, dans les Facultés des lettres, des sciences et de droit, il n'y a pas d'*agrégés*; quant aux Facultés de médecine, elles en possèdent, et ces *agrégés* sont assurément enflammés d'un beau zèle, pleins d'ardeur et de bonne volonté. Mais les *règlements*! Vous les comptez pour rien! N'est-ce pas une barrière qu'on ne saurait franchir, une arche sainte à laquelle il ne faut toucher?

Or, dans cette kirielle de conditions, de restrictions et d'interdictions dont le règlement se compose, il y a, entre autres, un article défendant aux *agrégés* en exercice, qui sont en même temps examinateurs des élèves, de recevoir aucune rétribution pour les cours qu'ils font aux Facultés. Dès lors ils se bornent à quelques conférences aux élèves militaires. N'a-t-on pas interdit, il y a quelques années, les cours pratiques rétribués d'accouchement et de manœuvres obstétricales, les cours d'histologie et d'anatomie, de médecine opératoire, etc.! On interdirait de même encore les cours rétribués d'otiatrique, de diagnostic, d'ophtalmologie, etc., faits par des *agrégés*.

Ce n'est pas tout : il contient encore bien des dispositions curieuses pour ne pas dire étranges, ce merveilleux règlement. On a vu qu'il interdit aux *agrégés* les cours rétribués : ces *agrégés* n'en font pas; mais les mêmes règlements permettent les conférences rétribuées; sur le produit de cette rétribution, les agrégés se partagent *un quart;* les trois autres quarts sont dévolus à la caisse du ministère, qui en emploie deux quarts à d'autres besoins, lesquels? et le dernier quart, dit-on, pour couvrir les frais de matériel des conférences.

Le droit fixe à payer par élève pour toutes les conférences qui peuvent se faire par Faculté est de 190 fr.; 140 fr.

sont retenus par les bureaux du ministère; restent 50 fr. par élève à partager entre tous les conférenciers!

Et l'on s'étonne que l'enseignement complémentaire, extraordinaire ou libre, ne fleurisse pas dans les Facultés de province!

Le sentiment du devoir est puissant dans le corps enseignant; mais l'est-il assez pour entretenir dans son sein une constante émulation, si nécessaire à la fois au progrès scientifique et à l'amélioration des méthodes d'enseignement?

M. Duruy, l'ancien ministre de l'instruction publique, n'était sans doute pas de cet avis quand il créait des catégories de professeurs de première et de deuxième classe.

Il espérait que le désir de s'élever de la seconde classe à la première enflammerait d'une belle ardeur les membres du corps enseignant. Cette mesure, conçue dans une excellente intention, atteindra-t-elle son but? Il est permis d'en douter. Elle a mécontenté, plus qu'elle n'a satisfait, le corps enseignant. On a lieu d'appréhender que l'avancement ne soit dominé parmi les fonctionnaires du haut enseignement par les errements souvent déplorables auxquels sont soumis les fonctionnaires des autres administrations; on craint que le choix ne soit trop souvent déterminé par l'ancienneté, par la faveur, par de hautes influences, et que le mérite sérieux, auquel répugnent les sollicitations et les intrigues, ne voie méconnaître les services réels.

Quand, dans une Faculté, un des professeurs titulaires avance en âge, quant la fatigue ne lui permet plus des études assidues, il cesse d'être au courant de la science; car la science marche toujours et ne s'arrête jamais. Le professeur, ainsi en retard, devient un obstacle; la science spéciale dont il est le représentant et l'organe au sein de la Faculté, fait halte pour ainsi dire, et comme l'enseignement libre n'existe pas et ne saurait se produire avec notre système d'inscriptions et le mode de rétribution des professeurs, l'arrêt de développement d'un professeur titulaire frappe, du même coup, l'enseignement lui-même.

Or il peut arriver, il est arrivé, que plusieurs, voire même la majorité des professeurs d'une Faculté, restent simultanément stationnaires, se pétrifiant dans leur vieille science traditionnelle. Dès lors la décadence de l'institution elle-même est imminente; elle est certaine si, par une intervention vigoureuse mais difficile, le ministre ne fait admettre d'office à la retraite ceux qui peuvent y avoir des droits. Mais les professeurs moins âgés, qui ont réussi à obtenir des chaires sans avoir le feu sacré du progrès scientifique, qu'en fera le ministre? Il faut attendre dix, vingt ans peut-être, jusqu'à leur mort, pour que les chaires qu'ils détiennent soient libres de nouveau, pour que de nouveaux titulaires y montent, qui ramènent la science qu'ils vont professer dans le courant d'où elle est sortie avec leurs prédécesseurs.

Et ce ne sont point là des suppositions gratuites; ce sont malheureusement des faits patents, avérés, contre lesquels on se heurte tous les jours dans notre vie universitaire. Ils se sont produits sur une grande échelle dans plus d'une Faculté, et ils se reproduiront inévitablement tant que le personnel enseignant sera limité aux professeurs titulaires, tant que leur enseignement officiel ne sera pas complété et au besoin suppléé par un enseignement de professeurs extraordinaires, d'agrégés ou de docteurs, qui puissent, au même titre qu'eux, transmettre ce qu'ils savent à des auditeurs, sans être condamnés, de par les règlements universitaires, à mourir de faim

Personne, je pense, ne se sera mépris sur le sens des observations critiques que nous avons formulées dans cette rapide étude de la situation de nos institutions universitaires et du haut enseignement en province. Ces observations signalent un mal qui dérive, non de l'intervention de l'État dans l'organisation de l'instruction supérieure du pays, mais de l'intervention d'une administration centralisée, autoritaire et bureaucratique qui absorbe toute liberté d'action, toute influence naturelle et légitime, toute vie propre des corps enseignants.

Ce régime est aggravé encore par le monopole, lequel exclut de l'enseignement supérieur toutes les forces intellectuelles qui ne sont pas enrégimentées dans le personnel des fonctionnaires de l'enseignement officiel. C'est le vice radical que le système d'enseignement créé par Napoléon Ier portait dans ses flancs dès l'origine; mais depuis lors il n'a cessé de grandir, de se développer avec exubérance à travers tous les régimes, et il est resté debout, consolidé et triomphant, sur les ruines de toutes les lois et ordonnances, de tous les décrets et réglements qui se sont succédé dans le domaine de l'instruction publique.

Des libertés nécessaires à l'enseignement supérieur.

Tous ceux qui ont souci de l'enseignement public en France s'accordent aujourd'hui à reconnaître la nécessité d'une réforme de nos institutions. On reconnaît également que cette réforme doit s'accomplir dans un esprit libéral, et que l'on ne peut espérer la régénération des haute études qu'en faisant, dans cette œuvre, une large part au principe de liberté. L'accord cesse, et la divergence des opinions commence, dès qu'il s'agit de passer du principe à l'application.

Parmi les systèmes proposés, nous trouvons en première ligne celui d'une fraction de l'École radicale. Ce système est fort simple : il consiste à se passer de tout système et de toute organisation; dans la pensée de cette École, il suffirait de déclarer purement et simplement l'abstention de l'État, et de proclamer la liberté d'enseignement sans restriction aucune.

Sans méconnaître l'intérêt social que représente l'enseignement supérieur, les partisans du système radical croient que l'initiative privée des citoyens suffirait pour donner satisfaction aux besoins de la science et de l'enseignement, de même que l'industrie privée pourvoit largement à toutes les nécessités matérielles. On voudrait donc faire table rase des vieilles institutions d'État et proclamer le principe de la *liberté absolue*. Ce serait la reproduction de ce qui s'est fait en 1792, avec cette différence que, dans la pensée des Assemblées de cette époque, l'État devait réédifier sur de nouvelles bases les Écoles de haut enseignement, en les adaptant à l'esprit de la Révolution, tandis que les radicaux modernes se contenteraient de supprimer ce qui existe, sans rien mettre à la place.

Il suffit d'un peu de bon sens pour comprendre qu'une pareille mesure précipiterait la France dans une expérience, ou plutôt dans une aventure, dont les résultats ne sauraient être calculés d'avance. L'expérience, de prime abord, peut sembler avoir quelques chances de succès; car il existe aujourd'hui, en France, un corps universitaire qui possède plus d'éléments pour l'enseignement supérieur que l'Amérique et l'Angleterre. Or, en Amérique et en Angleterre, l'État, sans se désintéresser absolument, n'a eu que peu de part à l'organisation de l'instruction supérieure ; mais il ne faut pas l'oublier, les éléments que possède la France ont été créés par l'intervention de l'État ; ils se sont développés dans et par les institutions de l'État ; ils ont vécu et vivent encore de par les subventions de l'État. Si, demain, les idées de liberté illimitée et d'abstention absolue de l'État pouvaient prévaloir, est-il bien certain que ces éléments désagrégés ne subiraient pas très-rapidement une atrophie par inanition qui ferait très-rapidement rétrograder le haut enseignement vers une situation peu différente de celle où il s'est trouvé après la suppression des Académies et des Universités, en 1792?

Dans notre société française, transformée par la Révolution et l'Empire, l'initiative individuelle et l'esprit d'association ne se sont guère appliqués, depuis soixante ans, qu'aux intérêts matériels les plus directs. Dans cette sphère très-circonscrite de la vie nationale, ils ont, sous l'influence de la libre concurrence et du stimulant du lucre, réalisé de grandes entreprises industrielles et de magnifiques travaux. Ni les capitaux ni les capacités n'ont fait défaut. Les capitaux, parce qu'ils espéraient et obtenaient de gros intérêts ; les capacités et les travailleurs, parce qu'ils participaient aux bénéfices, ou tiraient des entreprises industrielles une rémunération suffisante. Mais la question change de face quand il s'agit des intérêts d'un autre ordre. Les institutions scientifiques, elles aussi, ont besoin de capitaux ; car il leur faut des laboratoires, des musées, des jardins botaniques, etc., en un mot, un matériel d'un entretien coûteux. Comme entreprises industrielles, elles ne promettent pas de bénéfices et ne peuvent donner que des pertes. De telles entreprises exigent, au contraire, des sacrifices continu elles supposent que l'esprit public est assez éclairé pour souscrire à ces sacrifices et pour les accepter sans marchander, en vue d'un intérêt d'avenir tout intellectuel et moral. La question est donc de savoir si, dans un pays qui depuis plus d'un demi-siècle a été réduit à une initiative très-restreinte dans les affaires de cet ordre, il surgira tout d'un coup un esprit public prêt à faire face aux exigences nouvelles.

L'Église libre, dans l'État libre, rencontre peu de partisans dans la hiérarchie ecclésiastique, si puissante et si fortement organisée. Le clergé redoute cette expérience, et cependant il s'appuie sur le sentiment le plus énergique, le plus désintéressé, le plus disposé aux sacrifices : le sentiment religieux et la foi. L'enseignement libre, dans l'État libre, ne pourrait s'appuyer que sur l'amour passionné et désintéressé de la science. Ce sentiment est étranger aux masses, il n'existe pas même dans les classes moyennes. Les gens éclairés goûtent fort, à la vérité, la littérature et la science, mais ils ne les aiment que très-platoniquement. Seraient-ils disposés à faire de grands sacrifices pour encourager, pour développer et pour entretenir des institutions scientifiques? Il est permis d'en douter. Les souscriptions affluent pour une affaire qui promet des bénéfices matériels; mais combien s'en présenterait-il, s'il s'agissait d'entretenir annuellement ou de doter des Universités, des Facultés des lettres, des sciences, de droit ou de médecine?

Existe-t-il du moins en France des individualités collectives assez puissantes et disposant d'assez de ressources pour soutenir des établissements d'instruction supérieure dignes de ce grand et noble pays? Mais les communes et les départements végètent encore sous les étreintes de la centralisation ; ils n'ont pas encore appris à se suffire, à se gouverner eux-mêmes ; ils n'ont guère eu à toucher à de grands intérêts d'un ordre relevé.

De même que beaucoup de communes rurales laisseraient leurs écoles primaires péricliter, si la maison et le maître d'école n'étaient pas inscrits dans la loi et imposés par l'autorité supérieure, les Conseils municipaux et les Conseils généraux, nommés par le suffrage universel, laisseraient nos institutions scientifiques dénuées de ressources, si on venait leur demander de grands sacrifices et des subventions permanentes.

Les mœurs du *selfgovernment* ne s'improvisent pas par des coups de révolution ou par des décrets ; elles procèdent de l'évolution historique des nations, des provinces et des communes. Il se peut qu'un jour les organes de la vie collective, les grandes cités et les départements acquièrent assez de virtualité pour sauvegarder les intérêts intellectuels de la société ; mais, quant à présent, je n'aurai qu'une médiocre confiance dans une expérience qui livrerait l'avenir de la science française à l'esprit de clocher ou à l'esprit public de nos Conseils généraux.

Dans notre société réduite en poussière, je ne vois qu'une individualité collective, *une seule*, assez forte, assez puissante et, grâce au budget officiel de l'État et au budget occulte des fidèles, disposant d'assez de ressources pour se charger, en dehors de l'Etat, d'une portion de l'instruction supérieure. L'Église avec sa vigoureuse hiérarchie, l'Église seule trouverait sûrement son compte dans la réalisation des utopies de l'École radicale.

L'appui des représentants de l'Église ne ferait peut-être pas absolument défaut à l'opinion radicale, dans la question de la liberté absolue de l'enseignement, si cette opinion n'inspirait pas quelques craintes fort sérieuses à propos d'une autre question plus brûlante, celle de l'Église libre dans l'Etat libre ; aphorisme qui fait également partie du programme radical.

Quant à présent, les représentants des intérêts de l'Église ne vont pas aussi loin dans leurs exigences libérales que les chefs de l'opinion radicale : ils se contentent de laisser les choses *in statu quo* en ce qui concerne les institutions existantes. L'absolutisme administratif ne leur déplaît pas dans le régime des institutions d'instruction supérieure. En effet, ils n'admettent pas et, d'après leurs principes, ils ne peuvent pas admettre la liberté scientifique, et, d'autre part, ils n'attachent qu'un intérêt médiocre aux progrès de la science profane. Dans leur opinion, un État bien inspiré ne devrait même tolérer, dans l'enseignement supérieur, que les doctrines conformes à la plus stricte orthodoxie. Or, comme l'État, au dix-neuvième siècle, ne peut plus se soumettre à de telles exigences, ils réclament le droit de créer des établissements spéciaux destinés à un enseignement orthodoxe.

Au principe de liberté, dans l'opinion que nous examinons, donnerait donc ample et suffisante satisfaction la formule suivante : *Liberté de fonder, en dehors de l'État et en concurrence avec les institutions de l'État, des établissements d'instruction supérieure*[1]. Les hauts dignitaires de l'Église savent très-bien que l'enseignement clérical et orthodoxe pourrait seul utiliser sérieusement cette liberté, en opposition avec l'enseignement public de l'État. Ce que l'esprit scientifique, l'enseignement et la science auraient à gagner à la liberté de l'enseignement ainsi res-

1. La loi de 1875 a réalisé ce programme, déjà formulé en 1870.

treinte et appliquée, est bien facile à comprendre. Les institutions de l'Etat resteraient ce qu'elles sont; elles resteraient soumises au régime de la centralisation administrative avec tous ses vices, sans élément plus actif de développement, en face d'institutions nouvelles qui leur feraient une concurrence d'*influence*, mais non pas une concurrence d'*élévation* progressive des études. Les nouveaux établissements exigeraient bientôt aussi, pour eux-mêmes, le droit de délivrer des diplômes et des grades universitaires[1]. Si l'État réclamait des garanties plus sérieuses que les titres délivrés par les nouvelles institutions, on demanderait au moins un jury indépendant des Facultés d'État, ou un jury mixte qui, dans peu d'années, aurait à constater l'abaissement général et progressif de l'instruction supérieure.

Le droit de fonder librement des établissements d'instruction supérieure, sans modifier en rien le système actuel des institutions de l'État, est, de toutes les libertés, la moins urgente; ce droit ne donnerait aucune satisfaction, ni au principe de la liberté scientifique, ni au progrès scientifique par le stimulant d'une concurrence efficace. On le sait parfaitement, et c'est parce qu'on le sait, que l'on est si modeste dans les exigences formulées *au nom de la liberté*.

En Belgique, le système que l'on voudrait reproduire en France se trouve réalisé. Nous voyons dans ce pays deux Universités d'État et deux Universités libres, l'une, catholique orthodoxe, à Louvain, l'autre fondée par le parti libéral à Bruxelles. Mais il faut remarquer tout d'abord qu'en Belgique l'autonomie des Universités d'État, depuis leur établissement après la domination française, n'a pas

1. Fait accompli par la loi de 1875, et défait par une autre loi en discussion.

été anéantie par une centralisation autoritaire bureaucratique. L'organisation des Universités d'État belges se rapproche infiniment plus de celles des Universités allemandes que nos agrégats de Facultés, régis par les règlements élaborés dans les bureaux du ministre de l'instruction publique. Malgré cette différence qui donne plus d'ampleur à la liberté d'enseignement et à la concurrence, l'instruction supérieure belge, d'après les uns, s'est abaissée depuis la création de l'Université de Louvain et l'établissement des jurys mixtes chargés de l'examen et de la délivrance des titres. D'après d'autres, le niveau général se serait maintenu, mais personne ne soutient qu'il se soit notablement élevé. Pas plus que le niveau général de l'instruction secondaire en France depuis sa dernière réforme dite *libérale*, pas plus non plus que l'instruction primaire depuis qu'elle est, en grande partie, confiée à des congrégations religieuses.

En fait d'instruction publique, le principe de liberté ne doit pas être invoqué dans un intérêt *d'influence*, il ne doit être appliqué que dans l'intérêt même du progrès scientifique, du développement des méthodes d'enseignement, de la diffusion et de l'élévation de niveau de l'instruction à tous les degrés.

Nous avons la profonde conviction que, d'une part, la liberté absolue d'enseignement et l'abstention absolue de l'État ne pourraient être que désastreuses, et que, d'autre part, la liberté limitée à la faculté de créer, au nom de n'importe quel intérêt collectif d'influence, des établissements d'instruction, ne donnerait aucune satisfaction sérieuse aux intérêts de la science elle-même, de sa diffusion et de son progrès.

Pour être réellement fécond, le principe de liberté et de

concurrence doit être appliqué sur une base bien autrement large que celle de la création de quelques Facultés de plus, qui végéteraient comme des plantes parasites en concurrence avec les institutions actuelles de l'État, leur disputant l'esprit de l'instruction supérieure sans y apporter aucun élément de vie plus active et plus féconde.

Le principe de liberté ne sera vraiment utile au progrès et au développement de l'instruction, qu'en s'implantant tout d'abord dans le corps enseignant et dans les institutions de l'État lui-même. Ce n'est qu'après la transformation des institutions existantes, par une organisation vraiment libérale, que la liberté de fonder de nouvelles institutions indépendantes de l'État pourra s'établir à son tour, sans produire l'arrêt de développement plutôt que le progrès de la science et de l'enseignement supérieur en France.

La première des libertés nécessaires n'est donc pas celle de créer de nouveaux établissements d'instruction ; le chiffre de ceux qui existent est plus que suffisant aux besoins du pays.

La liberté qu'il importe de réaliser la première est celle qui renferme toutes les autres ; elle porte un nom bien connu, dont la signification, déjà ancienne, est parfaitement déterminée partout ailleurs qu'en France ; elle s'appelle :

La liberté universitaire et la liberté des études.

La liberté universitaire ne peut se produire en France que par une organisation qui réalise au nom même de l'État, et tout d'abord dans les institutions de l'État, par des statuts qu'aura fixés la loi :

1° La liberté et l'indépendance administrative des Universités d'État et des Facultés qui les constituent, aussi bien que celle des Universités libres qui pourraient se produire en dehors de son influence ;

2° La liberté scientifique de l'enseignement supérieur dans toutes les institutions universitaires ;

3° La libre concurrence entre les Universités et, dans le sein même des Universités, la liberté d'enseignement accordée à tout homme de science, sous certaines conditions faciles à réaliser et garanties par la liberté des études, la rétribution scolaire des cours et l'indépendance des jurys d'examen.

a) La liberté administrative des Universités, des Facultés et des institutions qui les constituent, n'est garantie qu'autant que celles-ci jouissent des droits d'une personne juridique et morale, qu'elles disposent des dotations et des subventions qui leur sont allouées par la loi, qu'elles gèrent elles-mêmes leurs intérêts, sauf à rendre compte de leur gestion, qu'elles exercent les attributions disciplinaires et judiciaires sur les professeurs et les élèves, qu'elles nomment directement les professeurs retribués par des traitements fixes et les agrégés non rétribués, sauf l'approbation du gouvernement, qu'elles arrêtent les mesures réglementaires et le programme de l'enseignement[1].

Pour réaliser dans nos institutions l'indépendance universitaire, cette réforme première, il n'y a rien à créer, il n'y a non plus rien à détruire d'essentiel de ce qui existe. Tout peut être conservé, utilisé, et facilement approprié aux exigences nouvelles du progrès par la liberté.

Les centres universitaires existent, ils n'ont besoin que d'être fortifiés dans quelques villes de province.

1. Fr. Schützenberger, *Lois de l'ordre social*, t. II, p. 400.

Dans douze grandes villes se trouvent réunies déjà, mais sans lien entre elles, les trois Facultés de droit, des lettres et des sciences ; ces villes possèdent également soit des Écoles préparatoires, soit des Facultés de médecine ; quelques-unes ont en plus des Facultés de théologie.

Pourquoi n'élèverait-on pas au rang de Facultés, en les fortifiant, quelques-unes des Écoles préparatoires de médecine, celles qui, situées dans des milieux favorables, peuvent atteindre facilement un développement plus complet[1] ?

Un trop grand nombre d'Universités disséminées dans les provinces serait une cause regrettable d'affaiblissement. Devant des bancs vides l'enseignement officiel languit et l'enseignement libre devient impossible ; la concurrence qui se produit entre des Universités faibles agit dans le sens de l'abaissement et non dans le sens de l'élévation du niveau de l'instruction. Ce fait s'aggrave par la facilité avec laquelle sont délivrés des titres universitaires. Des Universités trop nombreuses coûtent fort cher et ne rendent que de médiocres services. Pour que le goût des recherches et des travaux scientifiques puisse se répandre dans les centres provinciaux, il faut que ces centres offrent une concentration suffisante. Pour décentraliser la science, pour élever le niveau de l'enseignement et de l'instruction, il faut faire juste le contraire de ce qui s'est fait. Au lieu de les éparpiller, il faut *concentrer* les éléments du haut enseignement en province. L'excessive multiplicité de petits foyers scientifiques a été l'une des causes les plus actives de leur faible rayonnement.

1. Nous indiquerons plus loin comment les autres Écoles existantes pourraient être maintenues et utilisées dans un but d'enseignement pratique comme Écoles d'enseignement professionnel libres.

Sans obérer le budget de l'État, sans en augmenter notablement les charges, sans porter atteinte aux positions acquises, il serait facile de former, avec les éléments existants, des centres de haut enseignement, en nombre proportionné aux besoins de la population, réunissant dans leur sein toutes les institutions nécessaires à la constitution des Universités d'État.

Le nombre et le siége des Universités reconnues ou à reconnaître par l'État, comme institutions d'utilité publique, serait à fixer par la loi, ainsi que la subvention ou la *dotation* de l'État, sensiblement égale mais suffisante, pour toutes les Universités de province.

Cette dotation pourrait se compléter au besoin par le concours des villes et des départements intéressés à l'existence des centres universitaires.

Les villes, siéges d'Universités, fourniraient également, comme elles le font déjà, les établissements, les locaux et une partie du matériel nécessaires à l'enseignement universitaire.

Comme établissement d'utilité publique, chaque Université serait capable en outre de recevoir des dons et legs, au même titre que les hôpitaux, les convents et les congrégations religieuses. L'ensemble de ces ressources constituerait la *dotation* des Universités d'État.

L'organisation de l'administration autonome des Universités par les membres du corps enseignant ne présenterait ni nouvelle dépense ni grande difficulté d'exécution. Les éléments matériels de l'administration existent dans les bureaux, parfaitement organisés, des Académies et de chaque Faculté. Leur mécanisme et leur esprit ont seuls besoin d'être transformés.

Au lieu de recevoir leur impulsion et leur direction du

ministère et de ses bureaux, ils les recevraient d'administrateurs directement nommés par le corps enseignant lui-même, et dont ils exécuteraient les décisions ; ils ne seraient en rapport avec l'administration centrale de l'instruction publique que pour rendre des comptes réguliers de la gestion financière, pour transmettre les éléments de la statistique générale de l'enseignement, et pour les questions qui intéressent l'ensemble des institutions universitaires.

A la tête de chaque Université se trouverait, comme aujourd'hui, le Recteur, assisté d'un Conseil universitaire. Le Recteur serait le représentant et le pouvoir exécutif du corps universitaire ; il pourrait être nommé par le ministre sur une liste de présentation de trois candidats, élus par le suffrage universel de tous les membres actifs du corps enseignant de l'Université.

Le Conseil universitaire, au contraire, devrait être élu directement par le suffrage de tous les membres actifs du corps enseignant, professeurs titulaires ou ordinaires, agrégés titulaires ou docteurs, admis officiellement à l'enseignement libre des Facultés depuis plus d'un an.

A cet effet, il se composerait des doyens élus par les Facultés et d'un nombre égal de membres élus par le suffrage universel de tous les membres actifs de l'enseignement supérieur, quel que soit leur titre[1].

Le recteur aurait mission de faire observer strictement, au nom de l'État, les statuts universitaires. Assisté de son

1. Si, comme la nature des choses le commande, les Universités devaient reprendre la haute direction et l'administration de l'enseignement de leur circonscription à tous les degrés, le Conseil universitaire devrait renfermer de plus des délégués nommés par les professeurs de l'instruction secondaire et les maîtres de l'instruction primaire.

Conseil, il serait chargé de l'administration de tous les intérêts généraux de l'Université et de l'enseignement; il arrêterait en Conseil le programme des cours présenté par chaque Faculté; il veillerait à ce que les diverses branches de l'enseignement soient dignement représentées; il autoriserait, d'après les statuts, l'ouverture des cours libres au sein des Facultés, déciderait souverainement avec son Conseil toutes les questions disciplinaires. Il présenterait annuellement au Conseil le budget des recettes et des dépenses; il arrêterait la répartition des allocations nécessaires à chaque branche d'enseignement, à chaque Faculté. En un mot, il administrerait tous les intérêts généraux de l'Université avec la réalité d'un pouvoir exécutif universitaire.

Les fonctions rectorales seraient temporaires et fixées à cinq ans; mais tout recteur serait rééligible.

Le Conseil se renouvellerait annuellement par tiers; tous les membres seraient rééligibles.

Une administration composée d'après ces principes offrirait infiniment plus de garantie de capacité et d'initiative que celle qui régente actuellement l'enseignement. Ce n'est que par suite de la plus abusive usurpation du pouvoir, que l'on a pu attribuer aux bureaux d'une administration centrale, à des Conseils en majorité composés de personnages étrangers aux intérêts de l'enseignement, à des influences occultes et sans responsabilité, des qualités et des capacités que l'on refuse à des corps scientifiques enseignants, intéressés au maintien de leur dignité, aussi bien qu'au progrès des institutions d'enseignement et de la science qu'ils représentent.

L'honneur et l'esprit de corps offrent des garanties plus fortes et plus sérieuses pour le développement des méthodes d'enseignement et des institutions, que les Conseils nommés dans un intérêt politique et des personnages étrangers, qui ne sont que trop disposés à user de leur influence pour des intérêts qui n'ont rien de commun avec ceux du progrès de l'instruction.

Quant à prétendre que toute initiative peut et doit dépendre et venir d'un ministre grand maître autocrate de l'Université, c'est en vérité poursuivre une fiction qui ne s'est jamais réalisée. De fait, ce sont les traditions administratives des bureaux qui gouvernent et qui ont toujours gouverné les institutions d'instruction supérieure et régenté le corps enseignant.

De même que le recteur, assisté de son Conseil, administrerait en réalité les intérêts généraux de l'Université, de même le Doyen, élu annuellement par tous les membres de chaque Faculté et rééligible, serait le pouvoir exécutif du corps qu'il représente et dont il serait chargé d'exécuter et de faire respecter les décisions.

Chaque Faculté disposerait librement de son allocation budgétaire, dont la répartition entre les différents services serait déterminée dans une série de séances au commencement de chaque année.

Chaque Faculté se recruterait elle-même, en présentant au Conseil universitaire le candidat choisi par elle pour remplir les chaires vacantes et les autres fonctions de l'enseignement ; et cela d'après des statuts réglant les conditions et les épreuves offrant les plus sûres garanties de capacité et de moralité ; elle déciderait souverainement de la nomination soit par concours public, soit par jugement sur des titres scientifiques et d'enseignement antérieurs. Elle pourrait s'adjoindre, à titre de professeur extraordinaire, tout docteur dont l'enseignement lui paraîtrait présenter un intérêt spécial. Elle nommerait elle-même les agrégés titulaires. Mais les Facultés ne pourraient en aucun cas entraver l'ouverture des cours libres et la concurrence que l'enseignement libre des professeurs agrégés ou des docteurs, admis à l'enseignement par décision du Conseil universitaire, pourrait faire à l'enseignement officiel des professeurs titulaires.

Cette première et fondamentale réforme, qui restituerait aux corps universitaires leur autonomie, réaliserait en fait la pensée-mère de nos institutions, celle que Napoléon Ier a exprimée avec autant de vérité que de profondeur. Cette pensée, que j'ai déjà signalée, je me permettrai de la rappeler encore une fois, car elle formule des exigences vraies et répond à la nature même des choses en fait d'enseignement. « Je veux, disait Napoléon, un corps, expression de « la puissance publique, qui réponde à l'État et aux familles de l'avenir des nouvelles générations, un corps « enseignant, parce qu'un corps ne meurt jamais et parce « qu'il y a transmission d'organisation et d'esprit. » Ce corps existe aujourd'hui : il s'est produit par les institutions et dans les institutions d'État; mais les erreurs ou les nécessités d'un gouvernement absolutiste l'ont réduit à un corps de fonctionnaires incorporés dans des institutions qu'il n'administre pas lui-même, qu'il ne peut ni développer ni réformer et sur lesquelles il n'a aucune action. Pour que ce corps puisse répondre en réalité à l'État et aux familles de l'avenir des nouvelles générations et de l'avenir scientifique du pays, il faut lui restituer la liberté d'action, l'autonomie, l'initiative, c'est-à-dire l'administration des institutions dont il fait partie intégrante.

Sans cette liberté première il n'y a pas de responsabilité

possible; il n'y a de progrès régulier à attendre ni dans l'instruction, ni dans les travaux de la science.

b) *La liberté scientifique*, ou la libre émission des idées, la libre discussion des doctrines scientifiques dans l'enseignement universitaire, est de toutes les libertés la plus essentielle aux progrès de la science, la plus utile aussi au développement intellectuel régulier des nations. Cette liberté ne peut être ni garantie, ni réglée, ni contenue dans de justes limites, qu'en tant qu'elle est confiée à la propre initiative disciplinaire du corps enseignant. La liberté scientifique, réglée et contenue par le corps enseignant responsable vis-à-vis de l'État et de la société, serait le résultat le plus immédiat de l'autonomie universitaire; elle en dérive comme la conséquence découle de son principe.

On peut s'en remettre hardiment à des corps responsables, à leur honneur et à leur dignité, pour que rien de contraire à la morale générale, rien de subversif de l'ordre social ou politique ne se produise dans les chaires universitaires surveillées par le corps enseignant lui-même; mais on peut être certain aussi que des corps, jaloux de la dignité et des conditions réelles des progrès de la science, ne laisseront pas péricliter et détruire la liberté scientifique nécessaire.

Je me permettrai de reproduire ici la pensée d'un homme qui n'est plus, mais dont le souvenir m'est cher à plus d'un titre et dans l'intimité duquel j'ai puisé mes meilleures convictions sur les questions d'enseignement, qu'il avait longuement méditées. Voici ce qu'il disait à propos de la liberté scientifique[1] :

1. Fr. Schützenberger, professeur de droit administratif, ancien maire et ancien député de Strasbourg, *Lois de l'ordre social*, t. II, p. 413.

« La compression énervante que la bureaucratie uni-
« versitaire exerce et sur ceux qui enseignent et sur ceux
« qui apprennent est une des causes les plus actives de
« l'esprit de révolte qui déshonore la société moderne, et
« de l'impuissance révolutionnaire dont elle ne cesse de
« donner les preuves les plus déplorables. L'enseignement
« décrété par une administration bureaucratique n'est ja-
« mais assez complétement dénaturé pour étouffer l'esprit
« de liberté, et ne possédant point la force de régler le
« mouvement intellectuel qu'il provoque, il développe une
« grande puissance de négation. »

J'ajouterai que le pouvoir politique n'est pas et ne saurait être responsable des doctrines scientifiques, et que la mission qu'il s'attribue de régler le mouvement scientifique intellectuel n'est pour lui qu'une source de conflits, d'injustes reproches, ou d'actes arbitraires et oppressifs.

c) *La liberté de l'enseignement et la libre concurrence* dans le domaine de l'instruction supérieure peuvent agir suivant deux directions fort différentes. Elles peuvent amener l'abaissement du niveau général de l'instruction, la dégradation des titres et de la dignité scientifique, aussi bien que le développement des méthodes d'enseignement, l'élévation de l'instruction et le progrès de la science.

Tout dépend des conditions dans lesquelles la liberté d'enseignement et la libre concurrence se produisent et s'exercent. Elles agissent dans le sens de l'abaissement, quand la lutte s'engage entre des établissements trop nombreux, dépourvus des moyens matériels et intellectuels nécessaires à l'enseignement; quand le corps enseignant est trop peu nombreux ou mal rétribué, et que pour vivre il est obligé de chercher en dehors du haut enseignement et des travaux scientifiques d'autres moyens d'existence. C'est dans le sens de l'abaissement que s'est exercée la concurrence que les Écoles secondaires de médecine ont faite et feraient encore aux Facultés, si ces écoles étaient maintenues dans leur situation actuelle.

C'est encore à l'abaissement que conduirait la concurrence entre des Facultés ou d'autres établissements libres faiblement organisés, et cependant jouissant, en vertu du principe de liberté, de la prérogative de délivrer des titres universitaires constatant la capacité scientifique des postulants, titres qui les recommandent également à la confiance, en conférant les mêmes droits d'admission aux fonctions publiques.

Une comparaison empruntée à l'ordre des faits matériels fera mieux comprendre la vérité de cette assertion.

Que l'on se figure un nombre indéterminé de fabriques, les unes bien installées, disposant de capitaux suffisants, d'ingénieurs capables, d'excellents contre-maîtres et de bons ouvriers ; les autres dans une situation à tous égards inférieure. Il est évident que le marché appartiendra au bout de peu de temps aux établissements du premier ordre, et que les mauvaises fabriques disparaîtraient rapidement par la concurrence, ou seraient obligées d'améliorer leurs conditions de production. Si le rapport des choses était aussi simple dans le haut enseignement que dans l'ordre économique, que nous supposons, la concurrence n'aurait aucun inconvénient et ne présenterait que des avantages. Mais la solution du problème serait singulièrement modifiée, même dans l'ordre économique, si le consommateur était un étranger devant acheter les produits, de *confiance*, sur le vu du titre de fabrique, et si ce titre était uniforme et réputé de valeur égale, quelle que fût la provenance des produits. Il est évident que dans de telles conditions la lutte serait désastreuse pour les bons établissements, et pourrait être soutenue avec avantage par les établissements inférieurs jusqu'au moment où le titre de fabrique, uniforme et réputé de valeur égale, aurait discrédité également tous les produits.

Or ce sont là précisément les conditions dans lesquelles s'exercerait la libre concurrence universitaire, si les titres délivrés par les établissements de force très-inégale étaient proposés, comme de valeur égale, à la confiance publique.

L'intérêt public qui doit utiliser les produits universitaires : les licenciés et les docteurs en droit comme avocats, comme magistrats, comme chefs d'administration ; les docteurs en médecine comme praticiens, comme médecins des pauvres, des établissements hospitaliers, des bureaux de bienfaisance ou de l'armée ; les licenciés et les docteurs ès lettres et ès sciences, comme professeurs, comme répétiteurs, comme gouverneurs ; cet intérêt public, multiple et varié, doit pouvoir compter sur un niveau de capacité sensiblement égal, quand le titre qui fait appel à sa confiance est réputé de valeur égale, et que le public n'a aucun autre moyen d'en vérifier par lui-même la valeur réelle et positive. L'expérience, sans doute, finirait par discréditer le titre uniforme ; elle ferait rechercher de préférence les candidats munis de titres particuliers, émanant des Universités qui auraient su conserver une valeur suffisante à leurs diplômes ; mais l'exclusion des autres frapperait souvent à faux et fréquemment aussi serait injuste. Du reste, les influences qui agiraient pour faire accepter, comme aussi bons, des produits médiocres ou mauvais, ne resteraient pas sans résultat positif. En tous cas, les établissements placés dans les plus mauvaises conditions auraient du temps devant eux, et ne rendraient les armes qu'après une lutte aussi longue que désastreuse pour l'instruction et la science.

Si, pour remédier à d'aussi fâcheuses conséquences, le pouvoir public se réservait le droit exclusif de délivrer des titres, il lui faudrait, dans l'ordre économique, un jury d'expertise dont les rigueurs soulèveraient un tolle général de tous les établissements inférieurs. Dans l'ordre de l'instruction supérieure, il n'en serait pas autrement. Un jury d'examen chargé d'une telle mission serait bientôt en butte à tant de récriminations qu'il n'y résisterait pas. Et si, dans le fait, le niveau de l'abaissement était très-étendu, quelle que fût sa composition, le jury serait bien obligé d'admettre, quand même, les produits très-médiocres ou mauvais, lorsque les besoins impérieux de la société en réclameraient l'admission. En définitive, il faudra toujours un certain nombre de licenciés et de docteurs. Si les établissements ne peuvent pas en faire de bons, il faudra bien se résigner à les admettre tels quels, sauf à entreprendre une nouvelle campagne pour défaire une situation devenue intolérable pour tout le monde.

Il résulte de cette discussion que la première condition de la libre concurrence universitaire consiste dans les garanties que présentent, *dès leur création*, les Universités elles-mêmes comme établissements d'instruction supérieure. Dans l'intérêt public, aussi bien que dans l'intérêt privé, l'État a le *droit* d'être exigeant à cet égard, et il a le *devoir* de mettre au moins ses propres établissements dans une situation qui leur permette d'accomplir dignement leur mission. Ce n'est qu'en tant que satisfaction pourra être donnée à ce premier devoir, qu'une large part aura été faite à la liberté d'enseignement et à la libre concurrence dans les Universités et entre les Universités d'État reconstituées et les établissements libres, si de tels établissements devaient se produire ultérieurement et sous d'autres influences que celle de l'État.

Dans les Universités d'État fortement constituées et dans des centres d'enseignement autonomes, disposant de tous les éléments matériels et de l'outillage nécessaire, la liberté de l'enseignement et la libre concurrence pourraient non-seulement s'établir sans danger, mais elles exerceraient la plus puissante influence sur le développement des méthodes d'enseignement, sur le niveau général de l'instruction et sur les progrès de la science.

Nous avons vu par quel mécanisme la liberté d'enseignement et la libre concurrence se trouvent réalisées dans toutes et entre toutes les Universités allemandes. Il ne serait pas difficile, sans ébranler les bases de notre organisation universitaire, d'introduire dans nos institutions, affranchies de la servitude administrative, un mécanisme analogue, parfaitement susceptible de s'adapter à notre corps enseignant.

Dans toutes nos Facultés, la science acquise et traditionnelle et les branches les plus essentielles de l'enseignement se trouvent représentées par le corps des professeurs titulaires. Ceux-ci touchent un traitement fixe, aujourd'hui *inférieur* aux besoins les plus impérieux de la vie de famille; ils sont nommés à vie ou jusqu'à la limite d'âge de leur retraite. S'ils ne peuvent pas perdre leur position, ils ne peuvent pas non plus l'améliorer en développant une plus grande activité dans l'enseignement dont ils ont le monopole de fait. En effet, la concurrence de l'enseignement libre, en dehors des corps des professeurs titulaires, est à peu près impossible, par suite de la gratuité de leur enseignement et de la rétribution scolaire des étudiants, payée sous forme de droit fixe d'inscription, dont le produit vient compenser, dans les caisses de l'État, les dépenses occasionnées par l'instruction supérieure et les appointements fixes des professeurs.

Pour introduire dans le corps enseignant le puissant stimulant de la libre concurrence, il faudrait, avant tout, admettre dans une large proportion l'enseignement libre au sein même des Facultés. Les éléments de cet enseignement, fécond pour l'avenir de l'instruction et de la science, existent déjà en partie, et se trouvent, de fait, déjà incorporés dans les Facultés de médecine, où ils constituent le corps des agrégés. Dans les Facultés de médecine, l'enseignement libre, malgré de nombreuses et graves difficultés, s'est du reste toujours maintenu ; à Paris notamment, l'enseignement libre des hôpitaux et l'enseignement libre des agrégés a rendu à la science et à l'instruction d'éminents services.

Les autres Facultés n'ont pas, quant à présent, dans leur sein un corps d'agrégés en exercice. Si l'on généralisait l'agrégation effective dans toutes les Facultés et surtout dans les Facultés de province, le corps des professeurs extraordinaires serait déjà fortement constitué. Il pourrait se compléter facilement par l'admission libérale à l'enseignement des Facultés, de simples docteurs, offrant des garanties suffisantes de capacité, à déterminer par les statuts de chaque Université.

Il est évident que la liberté d'enseignement et la libre concurrence seraient illusoires, et ne pourraient jamais se produire, si les conditions faites à l'enseignement libre imposaient la gratuité de cet enseignement, ou sa rétribution facultative par les étudiants, en face de l'enseignement gratuit des professeurs titulaires. La liberté de l'enseignement ne peut s'inaugurer que par la transformation de la rétribution scolaire, que versent aujourd'hui les étudiants à titre de droit d'inscription fixe, en un droit de cours mobile, que toucheraient, à titre de traitement éventuel, les professeurs titulaires, et à titre de rétribution scolaire les autres membres actifs de l'enseignement.

L'enseignement libre ne peut exister qu'avec la liberté des études et le libre choix des maîtres, garantis aux étudiants inscrits sur les registres des Facultés. La liberté des études n'est et ne peut pas être absolue : il est des cours réglementaires que tout étudiant sérieux doit suivre; mais ces cours doivent pouvoir s'ouvrir dans l'enseignement libre tout aussi bien que dans l'enseignement des professeurs titulaires; c'est à la liberté du choix des maîtres que doit être restreinte la liberté des études. En dehors des cours essentiels et réglementaires, faciles à déterminer pour chaque Faculté, l'enseignement libre trouvera un vaste domaine scientifique et pratique à exploiter; ce domaine est aujourd'hui en friche, personne ne songe à le rendre fécond, car personne ne peut l'utiliser.

L'enseignement pratique, qui conduit à l'initiation des méthodes d'investigation et des recherches scientifiques, n'existe pas. On apprend la botanique dans les livres; la chimie et la physique dans des cours théoriques, élucidés de quelques expériences faites par le professeur, assisté de ses aides; la physiologie dans des leçons orales dépourvues d'expérimentation.

L'enseignement professionnel pratique est lui-même insuffisamment représenté par les cours officiels, et ne peut se compléter que par l'enseignement libre et rétribué.

Dans le sein même des Facultés, l'enseignement libre

disposerait d'un matériel suffisant, auquel pourrait être consacrée une partie des ressources que l'État accorde, sous forme de dotation, à chaque Université. Mais, en dehors des Facultés, l'enseignement libre et complètement indépendant des corps enseignants constitués devrait encore pouvoir se produire dans les villes universitaires, sans autres restrictions que celles commandées par l'ordre public.

Dans les villes universitaires, tout docteur devrait pouvoir librement ouvrir un cours public, à ses risques et périls, en dehors même de l'enceinte des Facultés, dans des établissements particuliers ou dans ceux dont il peut disposer du matériel à quelque titre que ce soit.

Dans les villes universitaires, il n'existe aucune raison plausible pour entraver la liberté de l'enseignement, faisant appel à des étudiants qui, du reste, ont satisfait aux obligations réglementaires que leur impose leur inscription sur les registres d'une Faculté[1].

Ce que le niveau de l'instruction supérieure pourrait gagner en élévation et la science française en progrès positifs est incalculable, si les forces, aujourd'hui perdues, découragées, anéanties par le monopole des cours gratuits et officiels, venaient à se produire librement dans la voie de l'enseignement, plus libéralement ouverte à l'activité de la jeune génération scientifique.

Pour atteindre de tels résultats, quelques sacrifices sont nécessaires ; que l'on se rassure toutefois ! Il ne s'agit pas de millions, mais de sommes infiniment petites, quand on les compare aux dépenses budgétaires énormes, absorbées

1. A Paris l'enseignement libre des médecins des hôpitaux a toujours fonctionné utilement et sans inconvénient en dehors des cliniques de la Faculté.

par d'autres services qui intéressent beaucoup moins la dignité et la grandeur nationales. Il est évident, en effet, que les sommes à dépenser par l'État, pour le traitement des professeurs titulaires, ne seraient plus, en grande partie, compensées par les sommes perçues, à titre de recette, comme droit fixe des inscriptions universitaires.

Il est évident encore que, pour mettre les Universités en état de remplir dignement leur mission, le total de la subvention allouée aujourd'hui à l'enseignement supérieur devrait être notablement augmenté; mais de grands résultats ne s'obtiennent pas sans quelques sacrifices.

L'enseignement libre au sein même des Facultés et la libre concurrence entre les différentes Universités ne peuvent être garantis de fait que par l'impartialité des jurys d'examen. Nous avons la conviction que dans les limites larges, mais légitimes, faites à l'enseignement libre dans les Facultés et dans les villes universitaires, l'honneur et la dignité des professeurs titulaires offriraient une garantie suffisante pour leur conserver la mission de composer en grande partie les jurys d'examen. L'impartialité à l'égard des candidats qui n'ont pas suivi leurs cours ou qui ont fait leurs études régulières dans une autre Université ne serait pas sérieusement compromise par le maintien de ce qui existe aujourd'hui.

En supposant qu'il faille des garanties plus efficaces et plus positives, il ne serait pas difficile de les créer soit en composant les jurys d'examen de trois membres, à savoir : d'un professeur titulaire et de deux membres admis à l'enseignement libre des Facultés, soit en constituant des jurys d'examen plus indépendants encore, composés d'un professeur ou agrégé de la Faculté où se passe l'examen et de deux professeurs de la spécialité afférente à l'examen, mais délégués par deux autres Universités. Un tel jury nécessiterait le déplacement de deux de ses membres et ne pourrait fonctionner que dans des sessions régulières et fixes, à la fin de l'année scolaire ou pendant les vacances de Pâques, à la fin du semestre d'hiver. Mais encore une fois, nous avons la conviction que cette mesure de *défiance* ne serait point nécessaire.

L'opinion publique, et au besoin le Recteur et le Conseil de l'Université, composé en partie de délégués de l'enseignement libre, suffiraient pour contenir amplement les mauvais vouloirs qui tendraient à se traduire en partialité effective.

La transformation du droit d'inscription fixe en rétribution scolaire des cours officiels, aussi bien que des cours libres, augmenterait non-seulement les dépenses de l'Etat, il accroîtrait encore dans une certaine proportion les frais d'études des élèves. Cette objection a déjà été discutée dans la partie de ce travail consacrée à l'examen des Universités allemandes. M. Pouchet, dans un excellent article de la *Revue des Deux Mondes*, a parfaitement établi que les dépenses imposées en plus à l'étudiant, par la rétribution directe des cours, seraient largement compensées par la liberté des études et la somme d'instruction qu'il peut acquérir dans le même temps. L'étudiant pauvre peut être, du reste, certain que l'enseignement gratuit ne lui ferait pas défaut, pas plus dans notre généreux pays que dans les Universités allemandes, suisses ou belges. Pas un professeur libre ou titulaire ne fermerait la porte à l'étudiant qui, venant s'inscrire à son cours, déclarerait, preuves en mains, que sa situation est précaire ou difficile. L'institution des bourses s'établirait rapidement comme elle s'est établie dans l'ancienne Université de Paris et dans toutes les Universités du moyen âge, et comme elle existe encore dans le petit nombre des institutions qui ont survécu à la centralisation administrative. Les villes, les départements, les particuliers, amis de la science et de l'instruction, tiendraient à honneur de reproduire par l'institution des bourses et sur une large échelle la *gratuité* de l'enseignement de la science. A l'initiative individuelle des citoyens, à la libéralité des communes et des départements pourrait s'ajouter l'institution des bourses fondées par l'État. Ce serait de l'argent bien placé.

De la restitution de l'influence des Universités sur l'enseignement secondaire primaire.

La reconstitution d'Universités autonomes, libres et responsables vis à-vis de l'État et des familles, a son complément nécessaire dans la restitution des attributions et des devoirs qui leur incombent naturellement. Parmi ces attributions, la plus importante consiste dans leur influence légitime et nécessaire sur l'enseignement secondaire et primaire. A cet effet, chaque Université devrait avoir sa circonscription analogue à celle de nos circonscriptions académiques actuelles, mais avec cette différence fondamentale, qu'aujourd'hui le Recteur n'est que le représentant direct du pouvoir politique, et n'exerce en réalité, avec son Conseil académique nominal, qu'une influence très-limitée sur l'enseignement secondaire et primaire, tandis que, dans une organisation libérale, les établissements d'instruction secondaire et primaire, leur personnel, leurs méthodes d'enseignement et leurs programmes seraient réglés, modifiés ou améliorés directement par le Recteur et le Conseil universitaire. Aujourd'hui, c'est l'administration centrale qui fait le lycée, le collége et l'école; dans notre pensée, ce serait aux Universités et aux autorités locales d'en faire ce qu'ils doivent et peuvent devenir. Il est évident que cette réforme ne pourra surgir qu'après la restitution des libertés universitaires et l'entrée en pleine activité fonctionnelle des Universités autonomes. Dès lors ce serait aux Universités, à leurs Facultés des lettres et à leurs Facultés des sciences que reviendrait, de droit, la création du personnel du corps enseignant des institutions d'instruction secondaire. Ce personnel ferait partie intégrante de l'Université de province. Il serait représenté dans le Conseil universitaire, il aurait sa part légitime d'influence, il cesserait d'être un corps de fonctionnaires nomades qui passent du midi au nord et du nord au midi, sans autre attache que leur titre d'employé salarié d'une grande administration publique. Alors aussi pourraient s'accomplir, dans des sphères plus restreintes, les améliorations progressives que l'enseignement secondaire réclame. Il ne serait plus nécessaire de soumettre tous les lycées de la France et la jeunesse de tout un pays à des expériences douteuses, sauf à reconnaître l'erreur commise, quelques années trop tard. De pareilles expériences peuvent être utiles au progrès; mais elles se feraient sur des institutions isolées et par des hommes pratiques qui, en fait d'expérimentations, n'entreprennent que celles dont le résultat n'offre point de chances de revers. L'uniformité de l'enseignement secondaire serait peut-être moins complète ; on ne dicterait peut-être plus la même version, à la même heure, dans tous les lycées de France; mais le niveau de l'instruction tendrait à s'élever avec les améliorations introduites dans les méthodes. Au reste, l'uniformité se rétablirait à coup sûr dans sa marche ascendante; car ce qui réussit dans une institution serait immédiatement imité par toutes les autres, et ce qui échoue ne porterait qu'un préjudice très-circonscrit et très-limité.

De l'établissement des Universités et des Écoles libres de haut enseignement.

La reconstitution d'Universités autonomes, subventionnées et reconnues par l'État et la restitution des libertés universitaires représentent, dans l'état actuel des choses, la première condition de la liberté de l'enseignement. *Ce n'est qu'après l'accomplissement de cette réforme essentielle*, ou *simultanément avec elle*, que des Universités ou des Écoles de haut enseignement, entièrement indépendantes de toute attache gouvernementale, pourraient se constituer sans trop de danger pour le niveau de l'instruction et les progrès de la science; car les Universités d'État seraient placées dans des conditions de force et de liberté, qui leur permettraient d'emblée d'élever progressivement le niveau de l'instruction, de perfectionner elles-mêmes leurs méthodes d'enseignement, leur outillage et leur personnel; elles seraient placées dans des conditions qui, tout en permettant à la libre concurrence de se produire, ne la laisseraient s'exercer que dans le sens de l'élévation du niveau général de l'instruction, et non en sens inverse. Entre des Universités d'État fortes et autonomes et des Universités indépendantes de l'État, la concurrence n'offrirait plus le même danger, à la condition cependant que les Universités indépendantes constituassent en réalité des établissements d'instruction supérieure, réunissant dans leur sein toutes les branches du haut enseignement et tous les moyens nécessaires à l'instruction scientifique.

Seulement on peut se demander si la liberté scientifique et la liberté d'enseignement ne trouveraient pas dans les Universités même de l'État une part suffisante d'influence, et quel intérêt pressant et légitime exigerait la création de nouvelles Universités. Si cet intérêt n'avait en vue qu'une prépondérance d'influence politique, la question sortirait des limites de notre compétence; elle serait, au plus haut point, digne d'un examen sérieux des hommes d'État.

La création de Facultés libres et isolées dans des villes universitaires ou en dehors du siége des Universités offrirait des inconvénients graves; elle placerait les branches de l'instruction supérieure dans la situation de la concurrence d'abaissement, qui pendant longtemps a fait sentir sa funeste influence dans l'enseignemeut des sciences biologiques. Gardien de l'intérêt public, l'État a certainement le droit d'exiger certaines garanties indispensables.

Le droit de faire librement n'importe quel cours dans les villes universitaires donnerait au principe de liberté une extension suffisante pour que les plus grandes exigences scientifiques y pussent trouver pleine et entière satisfaction ; aller au delà serait compromettre l'avenir même de l'instruction supérieure et les progrès de la science.

Il est néanmoins une branche de l'instruction supérieure à laquelle le principe de la liberté d'enseignement pourrait être appliqué d'une manière plus étendue encore et avec plus d'avantage que d'inconvénients, sous certaines conditions commandées par l'intérêt public. C'est l'instruction pratique et professionnelle. En ce qui concerne notamment l'enseignement médical et pharmaceutique, des Écoles cliniques libres et des Écoles professionnelles libres devraient pouvoir se constituer dans un grand nombre de centres de populations. Mais c'est à la condition que ces Écoles professionnelles libres ne pussent admettre, à titre d'élèves, que les étudiants de troisième et de quatrième années, offrant toutes les garanties d'une instruction scientifique préparatoire suffisante, constatée par des examens et des grades universitaires délivrés par n'importe quelle Université. Dans ce système, aucune atteinte ne serait portée à l'existence des Écoles secondaires existantes; seulement elles redeviendraient ce qu'elles peuvent être avec avantage et succès : des *Écoles cliniques et professionnelles libres* d'une incontestable utilité. Au lieu d'être des Écoles *scientifiques préparatoires*, frappées d'impuissance et de stérilité, elles se transformeraient en Écoles *pratiques*, disposant de tous les éléments nécessaires à un enseignement utile et fécond dans son libre développement. Ce n'est que par la plus étrange des illusions que l'on a voulu faire un corps d'enseignement supérieur scientifique avec quelques médecins praticiens, chargés de l'enseignement le plus élevé des sciences biologiques, et des institutions de haut enseignement scientifique avec des Écoles privées de ressources.

Dans la sphère de l'enseignement professionnel, les chirurgiens, les médecins, les accoucheurs et les pharmaciens des hôpitaux des grandes et même des petites villes peuvent déployer une grande valeur, une grande activité et souvent une grande supériorité.

Dans la sphère de l'enseignement scientifique, ils ne peuvent pas, dans les conditions qui leur sont faites, atteindre la supériorité nécessaire. Il en est de même de toutes les autres institutions d'enseignement professionnel et technique. Sans rien détruire, le principe de liberté peut et doit utiliser toutes les forces disponibles. Ce n'est pas en proclamant purement et simplement des droits et des principes abstraits de liberté, que l'on peut arriver à de tels résultats. Pour réaliser le progrès par la liberté, il faut diriger les forces disponibles vers un but commun, il faut leur laisser, dans les limites tracées, toute latitude d'action, mais il ne faut pas les opposer les unes aux autres et les neutraliser les unes par les autres.

De la centralisation universitaire libérale.

Les Universités disséminées dans les provinces en nombre plus ou moins considérable et responsables du développement intellectuel du pays ne peuvent pas plus rester sans lien entre elles qu'avec le gouvernement central qui représente les intérêts généraux de la nation.

La centralisation dans un pays comme la France n'est pas un mal; c'est une condition de la grandeur et de la force, une condition essentielle de la vie nationale. Le mal qui frappe d'arrêt de développement nos institutions universitaires ne provient pas de ce que les intérêts collectifs de l'instruction, à tous les degrés, soient représentés au centre même du pays, au siége du gouvernement, à Paris, et près du pouvoir politique, mais bien *de ce qu'ils ne sont pas sérieusement représentés et partant le plus souvent ignorés ou méconnus, et néanmoins souverainement régentés par une administration autoritaire.*

Dans le système des Universités autonomes, l'immense majorité des affaires se traiteraient au sein même des corps enseignants ou de leurs Conseils académiques; mais les questions qui touchent à l'intérêt général, les affaires qui nécessitent l'intervention du pouvoir politique, ne peuvent se traiter qu'au siége même du gouvernement, dans un Conseil supérieur et sous la présidence du ministre de l'instruction publique. Ce *Conseil* existe, mais il représente toute autre chose que les corps enseignants et les Universités de la France. Personne ne soutiendra que sa composition actuelle offre les mêmes garanties de compétence, d'initiative et de capacité qu'une représentation qui serait composée des délégués mêmes des centres universitaires reconstitués et autonomes. L'idée que je formule ici émane d'un homme[1] qui avait approfondi la plupart des questions que soulève la liberté de l'enseignement. Voici comment il comprenait l'organisation du Conseil supérieur de l'instruction publique : « Dans sa « pensée, le Conseil supérieur serait parfaitement adapté « à sa mission, si chaque centre universitaire envoyait « annuellement, comme délégué, un représentant de l'in- « struction primaire, un représentant de l'instruction se- « condaire et un représentant de chaque Faculté. Dans « une session annuelle, qui ne durerait que quelques « semaines, ce Conseil aurait pour attributions de discu- « ter et d'arrêter les réformes générales à introduire dans « les diverses branches de l'enseignement public, de rati- « fier les programmes d'enseignement arrêtés dans la « représentation locale, de désigner le jury d'appel et de « cassation en matière disciplinaire, de reviser périodi- « quement le programme des épreuves et des concours, de « saisir le gouvernement de toutes les demandes formées « dans l'intérêt de l'instruction publique, de donner leur « avis sur les projets de lois qui intéressent l'enseigne-

1. Fr. Schützenberger, *Lois de l'ordre social*, t. II, p. 411.

« ment public. Ils signaleraient les crédits nécessaires « aux services d'intérêt universitaire général et la part « de chaque Université. La représentation locale en opé- « rerait la répartition entre les différents établissements « d'instruction publique. La centralisation universitaire, « constituée dans l'esprit des principes qui viennent d'être « indiqués, aurait pour effet de concilier la liberté de la « science et du mouvement intellectuel avec les garanties « d'ordre et de direction unitaire qui sont un des premiers « besoins de la société. Elle offre de fortes garanties à « l'indépendance légitime et à la dignité des hommes et « des corps qui se dévouent aux nobles et pénibles fonc- « tions de l'enseignement; elle assure les droits des fa- « milles et de l'État, et dégage le pouvoir politique et « administratif d'attributions qu'il a toujours mal rem- « plies. »

En terminant la tâche que je me suis imposée, je ne me dissimule en rien les difficultés qui s'opposent à la réalisation des réformes que je propose. Les partis politiques ne cesseront pas d'user leurs forces dans une lutte d'influence, au lieu de les unir en vue de concourir au but commun du progrès par la liberté. D'autre part, on rencontre les habitudes invétérées d'une administration centralisée et autoritaire qui ne voudra rien céder, ou qui ne cédera que le moins possible de ce qu'elle considère comme des prérogatives.

Ce sont là, je le sais, des obstacles difficiles à vaincre. Il en est un autre que l'on oppose, et depuis trop longtemps, à tout ce qui pourrait étendre la base et élever le niveau de l'instruction publique :

L'augmentation inévitable des dépenses.

S'il suffit, pour être une grande nation, d'avoir de grandes administrations, de grandes armées et de petites Universités; si le développement intellectuel ne compte pour rien, si l'autorité et la force matérielle suffisent à tout, j'aurai écrit inutilement les pages que l'on vient de lire.

Je terminerai par un appel sérieux à l'initiative du corps universitaire tout entier. Soixante années de servitude administrative n'ont pas étouffé dans son sein la conscience de ce qu'il était à son origine *depuis le moyen âge*, de ce que Napoléon Ier voulut qu'il fût, sans lui donner la possibilité de l'être : *un corps responsable vis-à-vis de l'État et vis-à-vis des familles de l'avenir des jeunes générations et de la science elle-même.* Cette responsabilité, il doit la vouloir effective; mais, pour s'en charger, il doit réclamer, lui aussi, et avant tout le monde, l'autonomie et la liberté par la loi.

FIN.

TABLE

Pages.

Avant-propos de la deuxième édition.................... 1
Introduction.................... 5
De l'intervention de l'État et du principe de liberté dans l'enseignement supérieur.................... 6
De la liberté d'enseignement en Amérique.................... 10
De la liberté d'enseignement en Angleterre.................... 18
De la liberté d'enseignement en Allemagne.................... 24
Du système universitaire en France.................... 38
De l'influence du système universitaire napoléonien sur les institutions de l'enseignement supérieur.................... 47
Du système des Écoles d'instruction supérieure.................... 50
Des Facultés des lettres et des Facultés des sciences.................... 54
Lettres.................... 59
Sciences.................... 61
Des Facultés de droit.................... 73
Des Facultés et des Écoles préparatoires de médecine.................... 76
Des Facultés de théologie.................... 81
De l'administration des Facultés.................... 82
Des libertés nécessaires à l'enseignement supérieur.................... 90
1° La liberté et l'indépendance administrative des Universités d'État et des Facultés qui les constituent.................... 98
2° La liberté scientifique de l'enseignement supérieur dans toutes les institutions universitaires.................... 106
3° La libre concurrence entre les Universités et dans le sein même des Universités.................... 107
De la restitution de l'influence des Universités sur l'enseignement secondaire et primaire.................... 117
De l'établissement des Universités et des Écoles libres de haut enseignement.................... 119
De la centralisation universitaire libérale.................... 122

Paris. — Typographie Lahure, 9, rue de Fleurus.

www.ingramcontent.com/pod-product-compliance
Ingram Content Group UK Ltd.
Pitfield, Milton Keynes, MK11 3LW, UK
UKHW021108220726
13924UKWH00004B/1588

9 782019 693770